JN269085

高尾山

ゆっくり散歩

雪子F・グレイセング

高尾山ゆっくり散歩　目次

歩いて、描いて——イラスト&エッセー

とっておきの15コース

装丁・イラスト／雪子　F・グレイセング

歩いて、描いて——イラスト&エッセー

オニヤンマ

オニヤンマは黄色の縞がダンディな大型のトンボで、子供時代は憧れの的の一つだった。今でも見かけると「おおっ、ラッキー」と思うが、実は恐かったこともある。何故かというと、沢筋の道を歩いていると前方から『オニヤンマ様』が猛スピードで、しかも左右に方向を変えながら向かってくるのだ。

避ける余裕もない細道で、思わずしゃがむようにして身をかわしたが、一度ならずも何回かそのような目に遭っているのでオニヤンマを見かけたらできるだけ道を譲るようにしている。いくら相手は自分の手ぐらいのサイズとはいえ、ぶつかったらかすり傷ではすまないような気がするのだ（あちらはもっと重傷か）。

オニヤンマさま

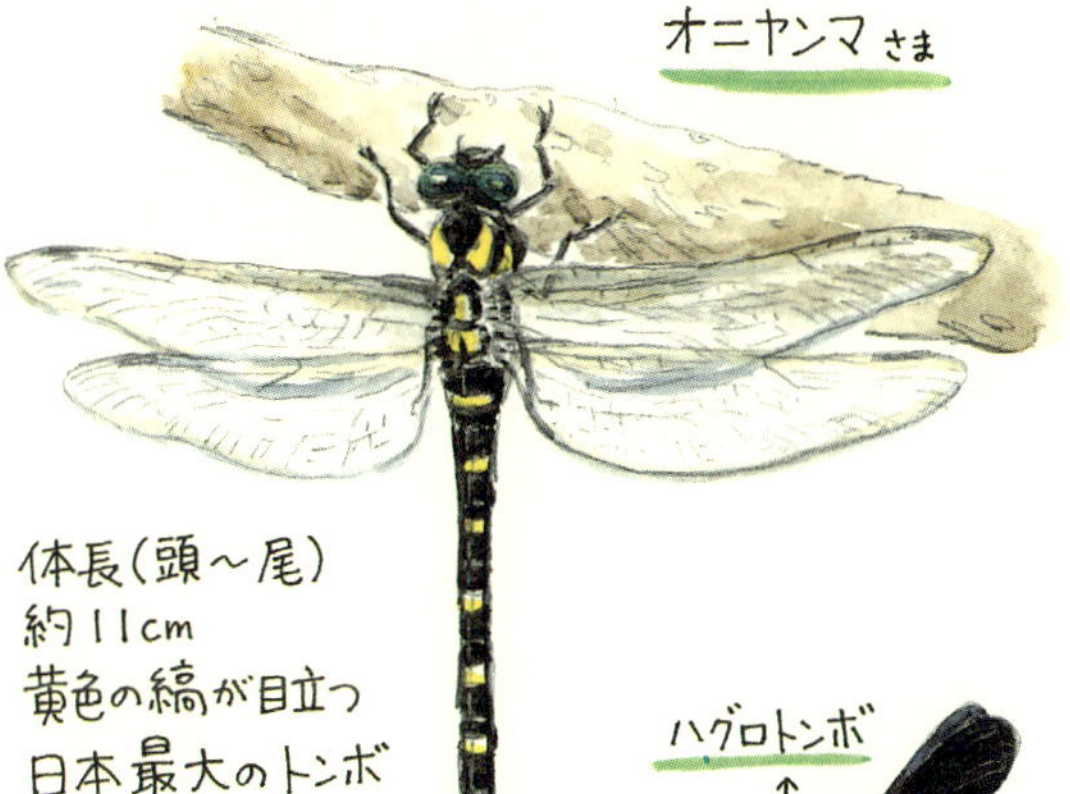

体長（頭〜尾）
約11cm
黄色の縞が目立つ
日本最大のトンボ

ハグロトンボ
♂

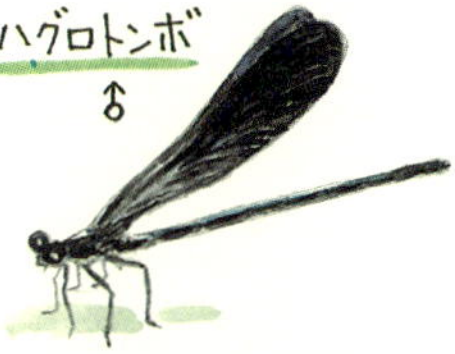

はねは黒くて体も
みどりに光る黒

アキアカネ

わ〜っ 手にとまった〜！
もちろん自分ではシャッターを
押せず、つれあいが写す.

カワトンボ ♂
はねは茶色っぽい
体はみどり色

ムササビ

怠惰なわたしは、なかなかムササビ観察会に参加できないでいたのだが、ある夏の夕方、暑さに耐えかねて高尾山口へ行った時の事である。１号路の入口でスギの木立から斜め下に何か動いたような気配がした。足を止めた瞬間、もう一本の大スギの幹を「フサフサしたもの」がスルスルッと登っていった。その「フサフサ」がムササビのしっぽで、その持ち主が木から木へ滑空したという事態を飲み込むまでに結構時間がかかったのだが、まさかこんなに簡単に、かの有名な高尾山の『スター』に出会えるとは思わなかったからだ。

後から知ったのだが、ムササビは山奥に棲んでいるのではなく、もともとは里の動物で、神社の境内などにも棲んでいるらしい。

ムササビ〈(頬白)鼯鼠〉
White-cheeked
giant flying squirrel
Petaurista leucogenys
体長 40cmぐらい
尾は 35cmぐらい
夜行性
木の芽や葉、
果実を食べる。
キレイに芽だけ
食べた跡
リス(ホンドリス)〈栗鼠〉
こちらは昼間 活動するので
見るチャンスも多い。
木の実や果実が
好き。強い歯で
オニグルミもまっぷたつ!

コサギとハイカー

ある日ベランダから見える林のオニグルミの木にコサギが止まっていた。すると突然パッと飛び去ったので、少し見ていると、下の遊歩道をハイカーが歩いてきた。ハイカーが通り過ぎるとしばらくして反対方向からコサギが飛んできた。さっきの鳥らしい。望遠鏡を取り出して、少し観察しようと思ったら、またまたハイカーが歩いてきた。「うわーん、逃げちゃうな～」と思っていたら案の定、コサギはさっきと同じ方へ飛んでいってしまった。ため息をつきながらも、「待てよ、もしかして……」としばらく林の様子を見ていると、再びコサギが反対側から姿を現わし、オニグルミに止まったのだった。なんと賢い！　ループを描いて飛んできたのだった。

コサギ

little egret

黄色の足袋をはいたような指がかわいい.

1月のある日、日影のスギ林の天辺に彫像のようにじっととまっておりました…

よく見かける…… 川辺で たまに見かける……

セグロセキレイ

尾を上下にうごかしている

キセキレイ

カワセミ

小仏川　蛍見物記

小仏川にはヤマメなどの魚もいるが、実は下水道不完備の地域もあり、生活排水が流れ込んでいる。それでも六月には蛍が飛び交い、近所から家族連れで見に来たりしている。筆者もつれあいを無理矢理誘って遊歩道のところへ見に行ったことがある。辺りは暗く、懐中電灯を持っていったが蛍見物には不要のもの。それで暗い中をそろそろと遊歩道へ入っていき、橋の真ん中の大きな落葉か何かを慎重に避けて通った。蛍も見て満足した帰り道、ふと気になって先程の落葉に向けて懐中電灯をつけてみた。「ぎゃあ！　踏まなくてよかった～」大きな大きなヒキガエル様がじっと座っておりました。余りにも出来過ぎたオチに、家へカエルまで笑いが止まらなかった。

日本には 46種類もの
ホタルがいるという.
小仏川のは ゲンジさん
でしょうか…。

サワガニの散歩

サワガニは水の清い川に棲むというが、高尾山の沢ではよく見かける。陸もテリトリーらしいのだが、ある時期、たくさんのサワガニが山道に上がってきて、シャカシャカと歩いていることがある。その理由をご存じの方がいらっしゃったらお教え願いたい。

産卵の季節はウミガメのように陸に上がるのかなあとも思ったのだが、ずいぶん小さいものもいる。つれあいは「たまには散歩に行きたいんじゃないの」と冗談を飛ばすが、ある日、数えてみたら、二十分間に四十匹余りも確認できた。あちらはバラバラの個別行動なのでよく見ていないと踏みそうになり、歩くのに神経を使ってどっと疲れるこちらであった。

サワガニ

日本で
唯一、
淡水で
一生を
過ごすカニ.

魚の遊び(?)

小仏川でのこと.

小さな魚たちが流れのおそい深みに集まっていました。すると一匹が急流に向かい、川下のうずに巻かれたかと思うとUターンして元の所に戻って行きました。しばらく見ていると魚たちは一匹ずつ、まるで遊園地のすべり台で順番を待っていた子どもたちのように、次々と急流を下ってはうずに巻かれ、それを何回もくり返していました。

本当の理由はわかりませんが、よく見ると、いろいろな生き物がいろいろな生活をしていることがわかります。

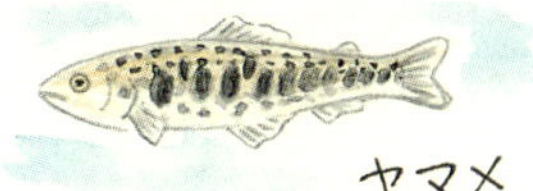
ヤマメ

山の落とし物

わたしは葉っぱに魅せられていて、落ち葉の写真を撮るのでよく下を見ながら歩いている。すると葉っぱはもちろん、ヤブツバキの赤い花、テイカカズラの白い花や黄色くなった花などが落ちているのにも気づく。この場合は両者とも好みの香りなのでつい、拾い上げては鼻先に持っていくのだが、山道を歩いていると落ちたものを見つけて初めてその木や草の存在に気がつくことが多い。花や実、そして葉、時には枝も落ちている。特に春の嵐や大雨の後、あるいは台風、そして冬も木枯らしの後に山道を歩くと収穫が多い。無論、葉っぱや枝と共に八センチ位のイモ虫がゴロンと落ちていたりすると、ちょっとばかりうろたえる未熟者のわたしではあるが。

イタヤカエデ
Acer mono
いちまい
いちまい
みんなちがう形
みんなちがう色
これは
エンコウカエデ
と呼ばれるもの
かも知れない…

謎解き

高尾に来て間もない頃、山道で見つけたトランプのスペードに似た茶色い実。初めは何かわからなかった。あそこにもここにも落ちている。少し離れて塊も発見。そこで初めてモミの実だと気がついたのだった。しばらく周りを眺め渡すと、少し先の斜面にモミが生えているではないか。小学生時代にはシャーロック・ホームズを筆頭に探偵小説にのめり込んでいたわたしは、久しぶりに謎解きに心を踊らせた。そしてその謎解きは今でも続いている。なんたって、知らないものの多いことといったら！　おまけに一つ解るとさらに二つ三つの謎が出てくることは、自然を学ぼうという人ならば誰でも経験ずみであろう。本当に自然を学ぶには人生は短いと痛感する。

ヒノキ
スギ
カヤ
中のタネ
モミとカヤの葉は
似ているが 実は
ずい分 ちがう
アラカシ
モミ
ウラジロガシ
みどり色の頃
アカガシ
※ドングリの形は
その成長の
過程でずい分
ちがう。
シラカシ
みどり色の頃
スダジイ
コナラ
コナラの帽子

静寂

晩秋の山道で、突然、木の葉がたくさん降ってくる。思わず足を止め、振り返る。後ずさりしながら空を仰ぐ。後ろ向きに歩くなんてことを自然にできるのは、野や山の道ならではだろう。

一枚の葉が私を目掛けたように螺旋の軌跡を残して落ちてくる。他の葉の落ち方を見る。似ているがそれぞれ違う。みんな違う。自分の足音さえも消したくなるような静寂の中、「ぱさり」と後ろで音がする。ドキッとして振り向く。何もいないようだ。辺りに再び静寂が訪れる。ふと、地面に落ちたスギの葉が目に入る。

そうか、山の中でこんなふうに、時が過ぎていくのだ。

21　　静寂

香り

香りの好みも人それぞれだ。わたしもマツやヒノキ、モミといった針葉樹や、ヤブツバキ、ウリノキ、テイカカズラなど好きな香りはたくさんあるが、時には「これ、いい香りでしょう」と自分の好きなカラスザンショウの実を差し出して、相手に「うえぇッ」という反応をされたこともある。だから私のおすすめがお好みに合うかはわからないが、山歩きの際に香り探しも楽しいかも知れない。

何気なく香りに気づいて「これ何だっけ、この香りは……」と辺りを見回して、あるいはしばらく歩いてからその元を見つけるのは山のクイズに答えられたようで嬉しい。現代人の嗅覚が退化したとはいえ、せっかく鼻があるのだから、活用してみるよい機会である。

スイカズラ
ウリノキ
ヤマフジ
モミ
マタタビ
テイカカズラ
ヤブツバキ
カラスザンショウ
その他．クズ．ニオイタチツボスミレ、ノイバラ．ネムノキ… etc. etc.

カツラ

カツラの黄葉。それはそれは美しいのだがたいていい一週間も持たずに散ってしまうので、ちょうどいい頃合を見計らうのは難しい。しかし地面に落ちてしまった葉っぱも露を飾って朝日に輝いていたり、楽しみ方はいろいろある。カツラ林では独特の甘い香りがするので、その元が何なのかと犬のようにクンクン嗅ぎ回るわたしだった。当然カツラが怪しいと思って、黄色い葉や樹皮を嗅いでみたがその香りがせず、不思議に思っていたのだ。ところがある時、ある種の落葉は発酵して甘い香りがするということを読んで、「おおっ」と思い当たり、早速、枯れて湿った葉っぱを嗅いでみたら、「ああっ、これだった」と、ようやくその謎は三年位かかって解けたのだった。

カツラ〈桂〉
Cercidiphyllum japonicum

大好きな樹

その樹の存在に気がついたのはいつの頃からか。高尾にはわたしが特別の思いを抱いている樹がある。尾根筋に立つそのモミの大木は高尾駅はもちろん、電車の中や八王子市街からも見える。仕事の打ち合わせで都心から〝めろめろに〟疲れて帰ってきた時、北米から一ヵ月振りに日本へ帰ってきた時、あるいは近所から帰ってきた時にも、その樹が尾根の上から「お帰りなさい」と言って迎えてくれる気がしたものだ。こちらは自然に「いってきます」「ただいま」と心の中で挨拶している。樹を擬人化して空想の世界に浸っている、と鼻で笑われそうだが、その樹によって力づけられたり、優しい気持ちになれたりするのは、ありがたく幸せなことだと思っている。

mo(n a)mi （石版画）

自然の精神科医

雲が流れていくのを見ていると飽きないのはわたしだけではないだろう。竜が蛇になり、クジラになり、鳥になる。山頂や見晴台で心地よい風に吹かれながら、時にはベンチの上に仰向けになって空を眺める。東京は人口過密であり、広い空と緑の大地はなかなか見ることができない。空だけなら都心のビルからでも見えようが濁った青で、その下で吸い込む空気はおいしくはない。

山で青空に浮かんだ白い雲を見るのは格別の魂の御馳走だ。地には緑、空は抜けるように青く、心を解放してくれる。白い雲がさらにその軽さと明るさを心に与えてくれる。わたしのストレス解消には精神科医は要らず、青い空、白い雲、よい空気があれば十分だ。

はるまちやま (石版画)

月のスマイル

空は夕陽の色、地平線は明るい輝きのベージュ、そしてピンク。さらにそれらの中間のなんともいえない色の階調。

地平線には雲が切れ切れに飛んでいる。遠くの雲は青みがかった灰色。山上にかかる大きな雲片の下は夕日に染まり、ほんのり光るピンク色。陰は青灰色。頭上には青空に灰色と白の雲のモワモワ風景。ずっと遠くに金色を帯びて光るV字は飛行機のジェット。

そして斜め頭上にはほっそりの月。細い微笑だ。月はどうしても笑っている口、つまりスマイルマークに見えて仕方ない。

空から目を離すのがもったいなくて上を見ながらよたよたと進む。後ろから見たらちょっとアブナイ人に見えたかも。月が笑っている。

Grinning  Moon

雨

動物たちは、鳥たちは、虫たちは、どうやって嵐をしのぐのだろう。山で雨に降られて、雨具を持っていない時は、木陰で雨宿りをすることになるが、わたしは気が短いので雨宿りが苦手だ。だから五分か長くて十分待って、仕方なく濡れて帰る時は、「ああ、たまには傘無しもいいもんだねえ。雨ってこんな感じなんだ」と思うことにしている。もちろん、寒い時期の雨は風邪を引くことになるので、心配な時はやはり雨具は持って出たい。雨の後、陽が射さないうちに出掛けるのもいい。光を反射していないだけ、物の色が鮮やかでそれは美しい。山腹のヒノキやスギの濃い緑にかかった靄が秒きざみでどんどん形を変え、山の『絵』を描き変えるのも素敵だ。

山からの訪問者

駒木野のアパートでは夜も煌々《こうこう》と外灯がついていたので山からの訪問客も多かった。昆虫少年なら喉から手が出そうなミヤマクワガタとかカブトムシ、それにコクワガタなどが玄関前の通路に腹を上に向けて足をばたつかせていた。そして昼間でも広げた翅《はね》の左右が二十センチ位の蛾が何時間も同じ場所に休んでいた。

蛾というと嫌がる人も多いので、むやみに「ねえ、これ、きれいでしょっ」などと実物はおろか、写真を見せるにも相手を選ばないと「きゃ〜!」と後でひんしゅくを買うことになるのだが、見慣れてくるときれいだと思うのはわたしだけだろうか。もちろん、いくら見ても慣れないもの（筆者の場合、ゴキカブリ様）もいるのだが。

ヤママユガ
〈山繭蛾〉
Antheraea yamamai
ウスタビガ
〈薄手火蛾〉
Rhodinia fugax
"吊りかます"と
呼ばれるマユ
シンジュサン
〈樗蚕蛾〉
Samia cynthia

盗らざるが花

わたしはまだまだ未熟者。きれいなものがどうしても欲しくなることもある。小さな水色の星を集めたようなヤマルリソウの群生地を見つけたりしたらもう危ないのだ。しかし理性はこう言うのだ。「待ちなさい。ほれ、よく見てごらん。あの美しさは、あそこでこその美しさなのだよ。大体、お前さんの家の庭や鉢の中なんぞでは、その輝きは失われてしまうよ」。そこでわたしは大人らしく「ふ～む、それもそうだよね。ここの環境に合って芽を出して、花を咲かせているんだよね。ここで咲くのが一番いいんだね。また見せてね」と納得して、ついでに「ほほう、わたしもずいぶん大人になったもんだね」などと自己満足して通り過ぎるのだった。

ヤマルリソウ
〈山瑠璃草〉
Omphalodes
忘れな草を想わせる春の花.
湿った土地に多く、4~5月
に花を 咲かせる.

花粉症

早春、山々にクリーム色の煙が漂う。スギ林全体が茶褐色に見えるこの季節、花粉症の人間にとっては辛い時期だ。家の中から見ているだけでもくしゃみが出そうだ。しかし花粉症歴約十年の筆者はこの数年、薬は飲んでいない。

花粉症の原因は花粉だけでなく、花粉はむしろディーゼル車の排気ガスなどの有害物質を体外へ出してくれているのではないかということを聞いた。そこで通院が面倒なこともあって、耐えてみようと思い立ち、数年経った。ただ鼻づまりで眠れないのは辛い。

スギ花粉エキスが症状改善に効くというが高額だ。林野庁が責任を取って安価に普及してほしい。原料は余るほどあるわけだから。

触ると
かぶれることが
あるのでご注意?!

ツタウルシ
Rhus ambigua

よく落ちている
黄+紅葉

ヌルデ
Rhus javanica

ヌルデの紅葉

ヤマウルシ
Rhus trichocarpa

こんな写真を
地面にはいつくばって
撮っていたら、後で片目の上が
かぶれて赤くはれたこともありました。

もしかしたら
あの日…

10年余り前、高尾山でスギの枝が
バサバサ落ちていました。そこで思わず
「この香りがいいんだよね〜っ」と枝を拾って
胸いっぱい吸い込んだわたくし。
後から考えると雄花がたくさんついて
おりました。その後少しして花粉症が
発症したのは、単なる偶然か、それとも
あれで一気に(文字どおり。)体内の花粉
許容量を超えてしまったためなのか、永遠
のナゾであります。

こんなことも
もう できません。

けんおうどう

裏高尾。どうしてこんなにいいところに圏央道を通すのか。『いいところ』というのは、自分の近所だから言うのではない。山里歩きが好きで、多摩や奥多摩、山梨などを歩いてみて、裏高尾を歩くと改めて感じられることだからだ。都市から近いのに、豊かな自然に溶け込んだ、のどかな田舎の懐かしい風景。各地で自然環境が悪化し、公共事業における税金の無駄遣いが問いただされても、依然として『国定公園』の高尾山に、『国史跡』の八王子城跡の下にトンネルを掘ろうとは、日本という国の良識が疑われる。もはや国民一人一人が声をあげていかないと、知らない間に子供たちを苦しめ、動植物たちを絶滅させるために税金を払うことになりかねない。

のこしたい自然と里山風景

写真は裏高尾の
ジャンクション予定地

高尾山の自然を
守りたい…とお考えの方に。

ひとりでも できることは色々あるでしょうが こんな
グループもあり、わたしも参加しています。

高尾山の自然をまもる市民の会

★会報が充実！どなたでも入れます.

〒193-0841 八王子市裏高尾町1343-1
Tel. 0426-62-8115 Fax. 0426-69-7387

高尾自然体験学習林の会

〒193-0842 八王子市西浅川町157-26 吉山方
Tel / Fax 0426-65-4199（新井方）

裏高尾人

裏高尾の名水を管理してくれているおじさんとは顔見知りだ。いつだったか夕方に駅でバッタリ会った時、「今日はこれから〜？」と声を掛けてくれて、上着のポケットからキャラメルを二つ出し、わたしの手にのせてくれた。年令からすればたぶん親子くらいの関係になろう。特に親しくおつき合いがあるわけではない。それでもその自然さに何かとても暖かいものが感じられて妙に嬉しかった。

そんな「気の良さ」は、地元のバスに初めて乗った時にも出会った。バスを降りる時、みんなが運転手さんに「ありがとうございました」と声を掛けていくのだ。大人がやれば自然に子供も真似をする。そしてわたしもまた真似をするようになったのだった。

今日のみやげは何にすんべ?
裏高尾の庭先販売
冬は
大根やカブ,
白菜 などなど…
地粉
そば粉
梅酢
そばの実
酒まんじゅう
ユズ
ジャム
サンショウなどの
つくだに
ねり梅
数軒が
それぞれの持ち
味を出している

登山と描画

登山と描画の似ている点。ここでいう登山とは本格的登山のほうがより想像しやすいが、高尾山位の低山でも当てはまることもある。

何かをスケッチしていて、目はその物（植物や生き物、あるいは風景）の持つある線を辿る。辿っている最中に他に気を取られたら失敗だ。たちまちその線を失う。登山の場合なら、岩山で一歩一歩、足場を確かめながら下っていく。途中で集中力を失えば、その一歩が命取りにさえなりかねない。集中力だ、大切なのは。幸い、スケッチで線を間違えても、命には響かない。それでも「岩場を歩く時と同じ位の集中力があれば理想的だ」などと考え事をしながら描いたりしてはいけませんね。ハイ。わたしも大きなことは言えません。

描くことについて 本文ではエラソーなこといってすみません。実は線を失いっぱなしのわたくしです。また、一点に集中していると全体を失う、ということもあり、理屈をのべるとむずかしいのです。結局うまく描く、ということより、よく見てそのものを知る、ということの方が大切なのだと思う今日このごろです。すると発見することがよろこびとなります。気負わず、楽しんでやることです。Have fun!
お道具 etc.
水やレモン水
長時間のときは
シャケやウメ♡
おせんべい
レーズンやナッツ
非常食、といってはよく食べてしまうチョコレート
春は虫よけにもなる
夏は欠かせない！手ぬぐい
蚊よけのミント
替えのTシャツ
帽子
小さくたたんで。
風呂用断熱シートを切ったもの。座るときに…厚さがあってよい。
保冷バッグも便利
冬は保温に。
キッサ店でもらったおしぼり。
スーパーのポリ袋も。
3つポケットが便利だった
コンパス付温度計
ミニライト
15年ぐらい使ってついに修理できぬほど傷んで、リタイアしたディパック。
ルーペにもなる単眼鏡（軽い！）
ミニ水彩セットは買ったがあまり使わず……
小さなクロッキーブック
ボールペン
シャープペン（B）
色えんぴつ 数本で大体の色をつける。
Olympus OM-2N +50ミリマクロ
ごめんね ごめんよ～
2度も落とされ、1度は特急に忘れられ、奇跡的に戻ってきた傷だらけのカメラ。1981年1月からはたらいている。
おツカレさま～…。これからもよろしく～。
藤山クロミ・グレイセングという名をもつ小さな三脚。
捨てられたプルトップ（まだまだ出てくる！）を拾って入れたり、小さなものを入れたり….
フジの実
フィルム缶の使いみち

今日は今日しかない

よく晴れた朝、つれあいは例によってわたしをせかす。「今日は山へ行きなさい。ねっ」。わたしは「だめだよ。仕事あるもん」と首を振る。すると「こんなにいい日は今日しかないかもよ。山、行きなさいよ！」と、まるで母親が「学校へ行かなくちゃダメヨッ」とでも言うように畳み掛けてくるのである。

そこで「へえ、へえ、行きますよ」と仕方なく仕事の予定に未練を残して山へ向かう。しかし、山の空気に浸ると他の事は忘れ、道端の草や生き物、風景に感嘆の声をあげている自分に気づくのだ。つれあいに心の中で感謝。もちろん、仕事のツケはまわって来て睡眠不足を味わうこともあるが、やはり「今日は今日しかない！」。

シダとマダラツマキリヨトウ
オニグルミの おばな
つぼみの頃
のびる!
長さ20センチぐらい
約2センチ
ミツバウツギ
(実)
花や実のつきかた
キミドリがきれいな…
直径1.5センチの花
イイギリ(?)
かすかな芳香…
イタヤカエデのおばな(?)

とっておきの15コース

1号路　東海自然歩道

立ち止まったり、後ろ向きになったり。
登山じゃないんです、山歩きなんです

自然研究路1号路の始点は東海自然歩道の起点となっている。これは明治百年の記念事業として『明治の森高尾国定公園』に指定された当地と、大阪の箕面を結ぶ全長約千三百キロの長距離自然歩道だ。

山の中腹に位置する薬王院への表参道でもある1号路は、大きなスギや若いスギ・ヒノキの植林を両側に見ながら勾配を増していく。

リフトやケーブルカー駅、霞台展望台、イヌブナやブナの自然林、さる園と野草園、蛸杉、男坂・女坂、そして樹齢八百年の大杉並木を経て薬王院へ至るまでは鋪装された広い道が続いている。そこから先は土の道で緩く上っていくがよく整備されているので歩きやすい。

コースの前半、霞台まではやや急な上りもあるので、ゆっくり登るとよいだろう。山頂・大見晴台(十三州見晴台)からは富士山や丹沢などの山並が美しい。

見えないものが見えてくる

東京の西の端に位置する高尾山は、さらに西へ続く山々への入口でもある。

京王高尾山口駅から、蕎麦屋や土産物屋がぽつんぽつんとある道をケーブルカーの清滝駅へ向かう。土産物屋のざるに盛られたフキノトウや花ワサビ、秋ならば銀杏、栗、アケビ、キノコ類など、「本当に地元で採れたのってあるのかな」と内心疑いながらも、見ているだけで「ああ、山の幸だなあ」と、なんとなく嬉しい気分になる。

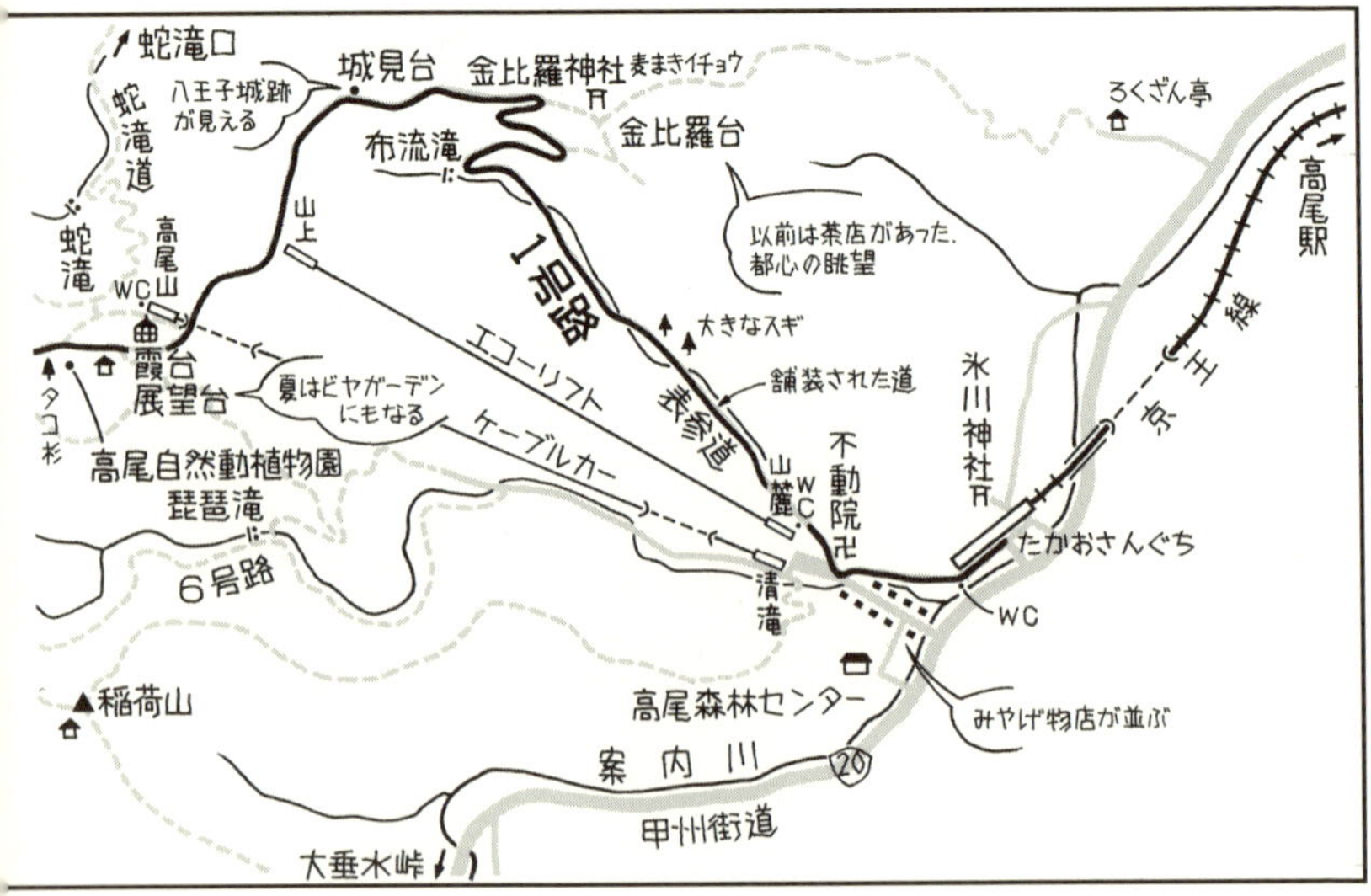

ケーブルカー清滝駅に隣接してリフトの山麓駅があるが、前半をラクして歩かないつもりならば、絶対にリフトがおすすめなのだ。ケーブルカーと同料金で、時間にして二倍以上の十二分間と「乗りで」はある（まさか山に来てまで急ぎたい人はいないだろう）し、よほど混んでいない限り、待たずに乗れる。しかも山の空気を肌に感じながら、樹木の天辺《てっぺん》に手が届きそうなところをゆっくり上がっていけるエコーリフトは、高所恐怖症でない限り乗ってみる価値はある。

真面目に歩くならば1号路はケーブルカー駅の手前で右折し、不動院の前

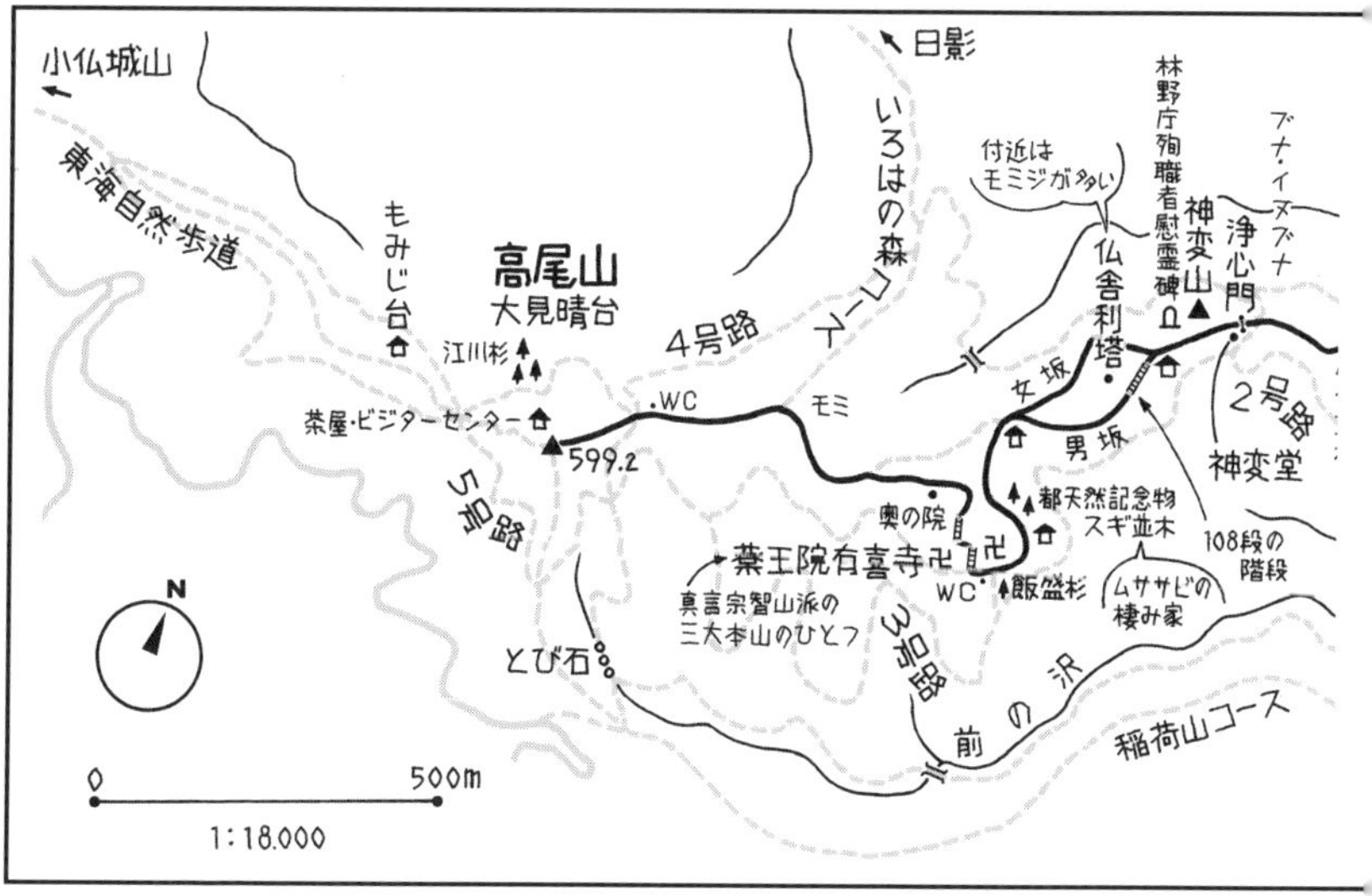

を登っていく。薬王院までは舗装された道だが、勾配はきついところもあるので、多少ペースを落とさないと、後でドッと疲れてしまう。わたしは、立ち止まったり、後ろ向きになったりするのだが、ただ立ち止まるのではなくて、必ず周囲の様子を観察することにしている。（体力のない言い訳にも聞こえますが）普通に歩いていると見えなかったものが見えてくるし、聞こえなかった音が聞こえてきたりする。

その大声じゃ鳥だって逃げる〜！

両手で抱けないくらいの太いスギの木立の下で、足を止めると、遠くでカラスのお馴染みの声がするが、そのうちに他の鳥のさえずりも聞こえてくる。そうして静かに立っていると近くでパサッパサッとか、ザザッとか音がして振り向いてみるが、緑の刀のようなシャガの葉が揺れているだけだったりするのだ。大きな音ならヤマドリ、小さな音ならアオジあたりか……。

沢沿いにはシャガが多いが、薄紫に濃い紫、オレンジ色を配したアヤメに似た花は、光沢のある緑の葉に調和して五月頃の花期は楽しみだ。初夏にツンとした香りがするのはマタタビの、梅の花を大きくしたような清楚な白い花だ。丸々した蕾もかわいらしい。緑色の葉に混じって、白い葉も見えるが病気ではなく、葉も白く染めて、虫を呼ぶためらしい。人間も似たようなことをしている？

廿五丁目《にじゅうご》の古い道標辺り、岩から水が滴り落ちているが、冬はそれがつららになる。岩の奥から「ココココココココ……」というソプラノが聞こえてくるが、何ガエルなのだろうか、その王子様の姿はまだ見たことがない。登るにつれてアカガシやアラカシ、ウラジロガシ、といったカシの木が多くなってくる。

金比羅《こんぴら》台へ登ると都心の眺めがよい。以前は茶店があったが今は店の主《あるじ》夫妻も亡く、建物もすっかり壊されてしまった。イロハモミジやメグスリノキがあるので紅葉の季節は休みながら落ち葉を拾うのも楽しい。桜も多い。そこからろくざん亭を経て甲州街道へ下る細道もある。金毘羅社がある高台の広場には『麦まきイチョウ』という大きなイチョウがあり、かつてはこの木が黄葉するのを見てから麦を播いたそうだ。

クマザサの中に石仏が並んでいるが、少し先で表参道と出合う。右手に城見台があり、やや枝が茂り始めているが、八王子城跡が見える。

ある時、後ろから二人連れが登ってきた。遠くからよく響く声で話している。
おばさん1「あらァ！　鳥がいないわねえ〜」
わたし「……」
おばさん2「ほんとっ！　いないわね〜え！」
わたし「（ぶっ）」
おばさん1と2「変ねえ！　どうしてかしら〜」
わたし「（ぶははっ。当たり前だ〜っ！　その大声じゃ鳥だって逃げる〜！）」
独りの時はよいが、人の振り見て我が振り直せ、と山でも社会勉強ができるのだった。

江ノ島が見える

ややきつい登りの後、リフトの駅を通り越し、右の北斜面にイヌブナなどの明るい林が見えてくればもう霞台で、ケーブルカーの高尾山駅があり、賑やかになる。展望台からは近隣の市街地にゴチャゴチャと白っぽい箱（家などの建物）が無数見え、都心や横浜方面の大きなビル、そして地（水）平線に目を凝らせば江ノ島らしき点が見えることもある。展望台の先には大きなコナラと立派なブナが生えている。

2号路を道の両側に分け、霞台から先は平らな道になる。北斜面に広がるイヌブナを主体とした落葉広葉樹林は清々しい美しさで、片や南斜面のカシ類などいわゆる常緑広葉樹林は濃厚な緑を見せている。有名な『蛸杉』は通る人が触っていくので曲がった根の部分がツルツルになっている。近年、木が弱ってきたため仕方ないとはいえ無骨なフェンスが立ってしまった。

浄心門をくぐると『殺生禁断』と刻まれた石碑が目に入り、心を浄められる。神変

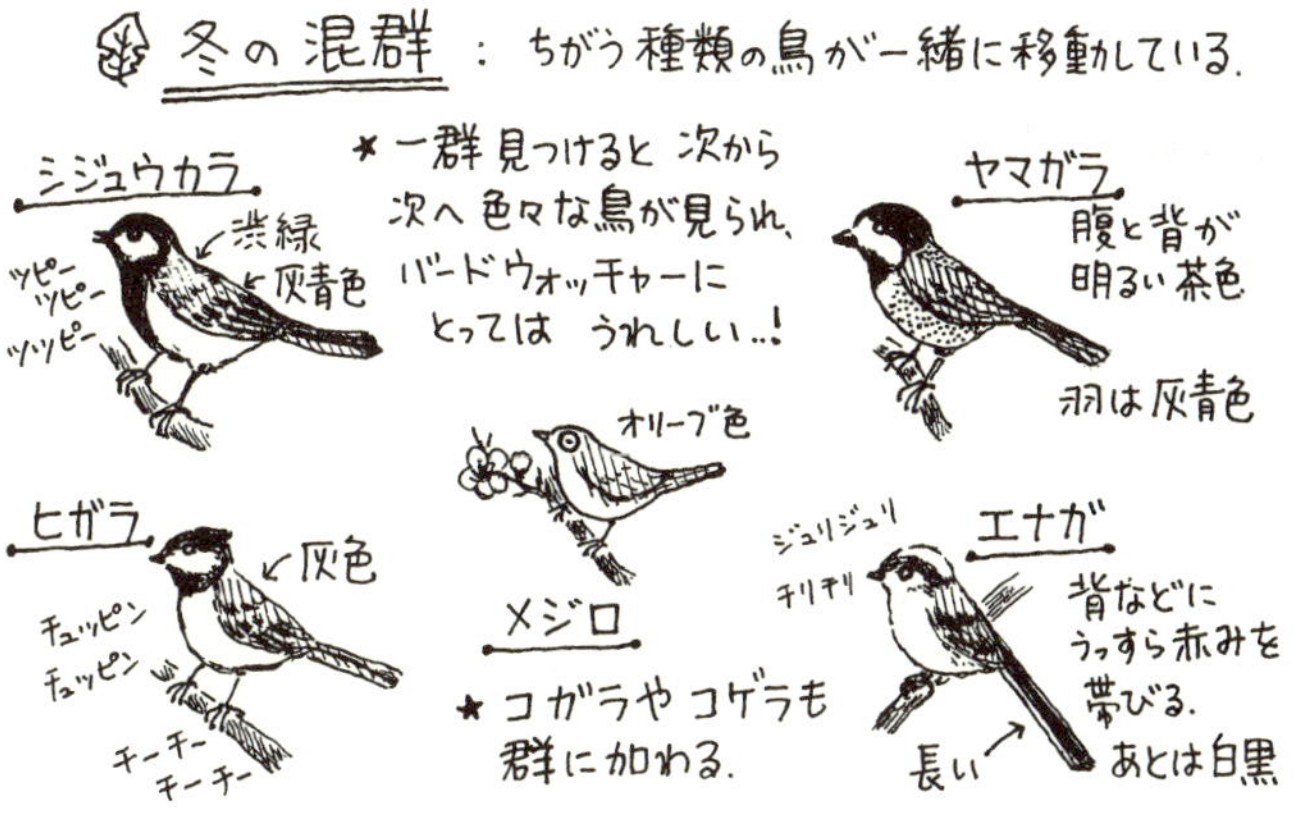

堂を通り過ぎ、灯籠が並んだ参道は左に男坂、右に緩やかな女坂へ続いている。男坂の百八段の石段を登れば煩悩が取り除かれるというのだが、筆者は階段が好きではないのと女坂からのイヌブナ林を見たいのとであまり利用しておらず、なかなか煩悩が取り除けず苦労しているのはそのせいかもしれない。

茶店の前で再び道が出合い、『天狗の腰掛杉』など、樹齢八百年とも千年ともいわれる大杉の並木の下を行く。その大きさに、人間の物理的にも小さい存在に気づかされるようだ。山門には四天王が配置され、門をくぐるとヒノキの香りがする。

本堂の方へ進むと、太くて立派なスギが数本立っているが、ここもムササビさん達のお家のようである。石段を上り、仁王門をくぐると、飯縄大権現をまつる薬王院有喜寺の本堂、さらにその上には極彩色で飾られた本社があり、飯縄大権現の侍者である天狗様が迎えてくれる。本社脇には稲荷社と天狗社もあるが後者の前には、なるほど天狗様がはくという、大きな下駄が奉納されてある。

急な石段を上れば奥之院で、その先からは緩やかな土の道となる。イヌブナやモミが多い。右から『いろはの森コース』を合わせ、トイレの先で左に5号路、右に4・5号路を分け、木の階段を登れば山頂・大見晴台だ。

別名『十三州見晴台』の山頂からは関東平野、丹沢山塊、富士山、南アルプス、奥多摩、秩父などが望める。広い山頂もハイキングや遠足シーズン中はそれこそ人、人、人の山となる。ビジターセンターでは動植物の写真や近隣の山々の模型の展示、スライド上映なども行っているので休憩がてら寄ってみたい。

ある時、茶店で休んでいたらアサギマダラがヒラヒラとテーブルに飛んできて食事よりも観察に夢中になってしまった。また、蕎麦はそんなに好きではないので、家では滅多に食べないのだが、ある茶店のしめじ蕎麦はしめじや山菜がたっぷり入っていて、蕎麦も手打ちの細いのや太いのが混じっていて、なかなかいける味だ（蕎麦通でもないのにこんなこと言ってすみません！）。

6号路　琵琶滝コース

山のベンチで、お昼寝。ああ、いい風。
いっぱい休もうよ

ケーブルカー清滝駅の左の道路の奥から山道は始まる。シャガやシダ類が茂り、頭上にはスギの植林が深い緑を見せている。足下に前の沢が流れており、対岸にカツラやケヤキも見える。岩が露出した緩い上りを進むと水音が増して琵琶滝が見えてくる。

薄暗い細道もだんだん深山の趣を帯びてきて、鳥の声や啄木鳥が発する「トントトトト……」という音が聞こえてくる。ベンチの横に大きなモミやカエデが立っていてひと休みを誘っているようだ。薄紫のタマアジサイや白いヤマアジサイが咲く時期は楽しい。老スギに生えた薄桃色のセッコクの花を見にくる人も少なくない。

沢の中の石を渡っていく『とび石』の先からは沢を離れ、モミやカシの林下のやや急な上りが続く。やがて山頂を巻く5号路と合わさると、もう一息で大見晴台が待っている。

小さきものたち

清滝駅の左の道路を奥へ進んでいく。春、梅や桃の花も終わるとイロハモミジが鮮やかな黄緑色の若葉を見せる。赤い小さな花が可愛らしい。大きなオニグルミの木はまだ葉を出さず、眠っているようだが、やがて緑の長い房状の雄花を垂らし、徐々に春を感じていくのだ。下草の中には大きな葉を放射上に出したウバユリが群生している。

妙音橋の手前から左に自然研究路6号路『琵琶滝コース』が始まっている。

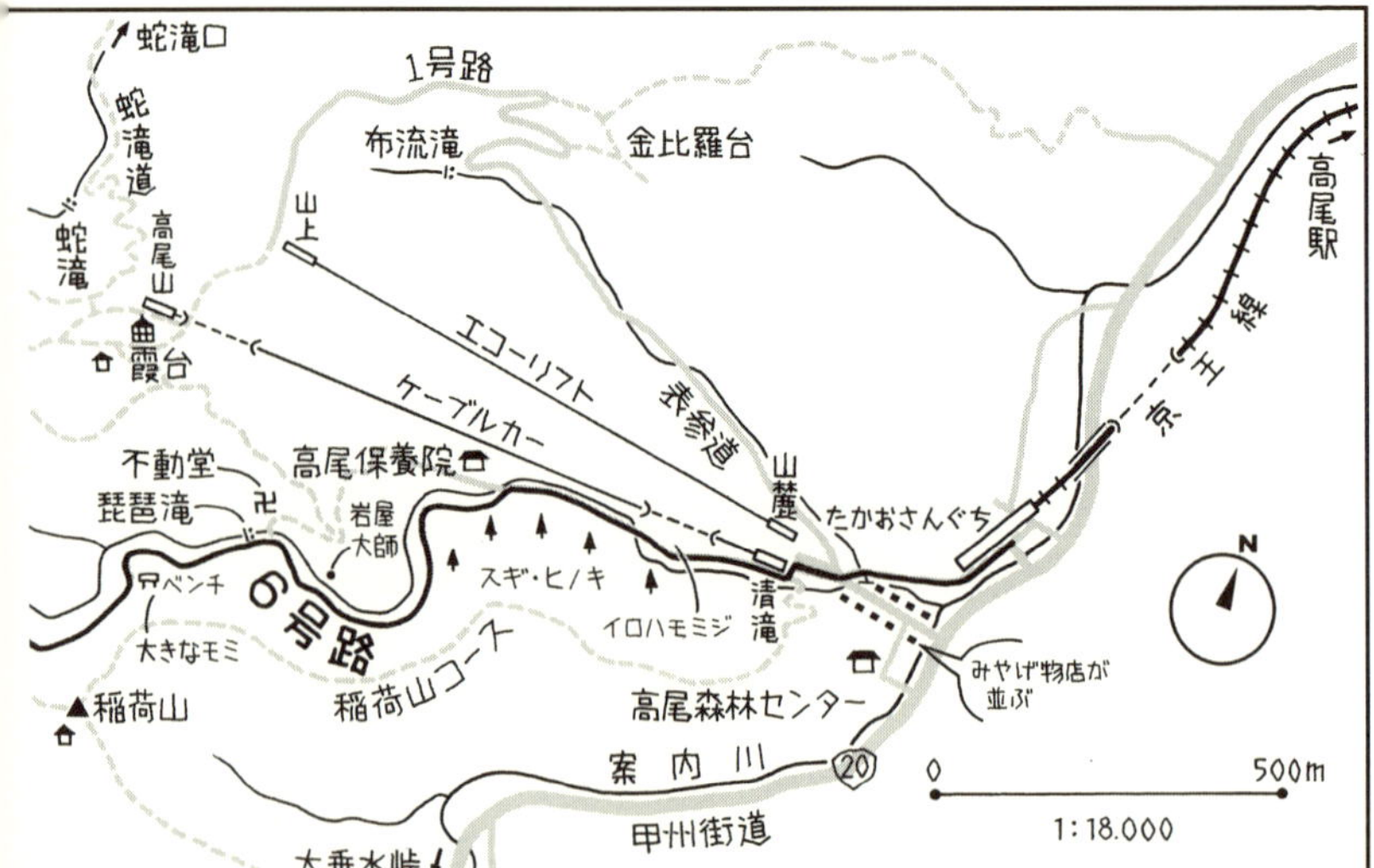

石がゴロゴロした道は緩やかに上っていく。沢の向こうに明るい緑のカツラの林が見える。ヒノキやスギが植林された左手の斜面には、光沢のある葉のコクサギがたくさん生えている。落葉低木のこの木は、葉や枝に少し臭気があるが小さな黄緑の花は少しツンとした香りがあるだけで臭くはない。カラスアゲハの幼虫の食草だから、このコースで黒地の翅を青緑に輝かせたアゲハをたくさん見ても不思議ではない。

　さらに目線を低くすれば、カンスゲやリュウノヒゲがモジャモジャと細長い葉を茂らせている。後者の濃い青い実はよく道にこぼれている。

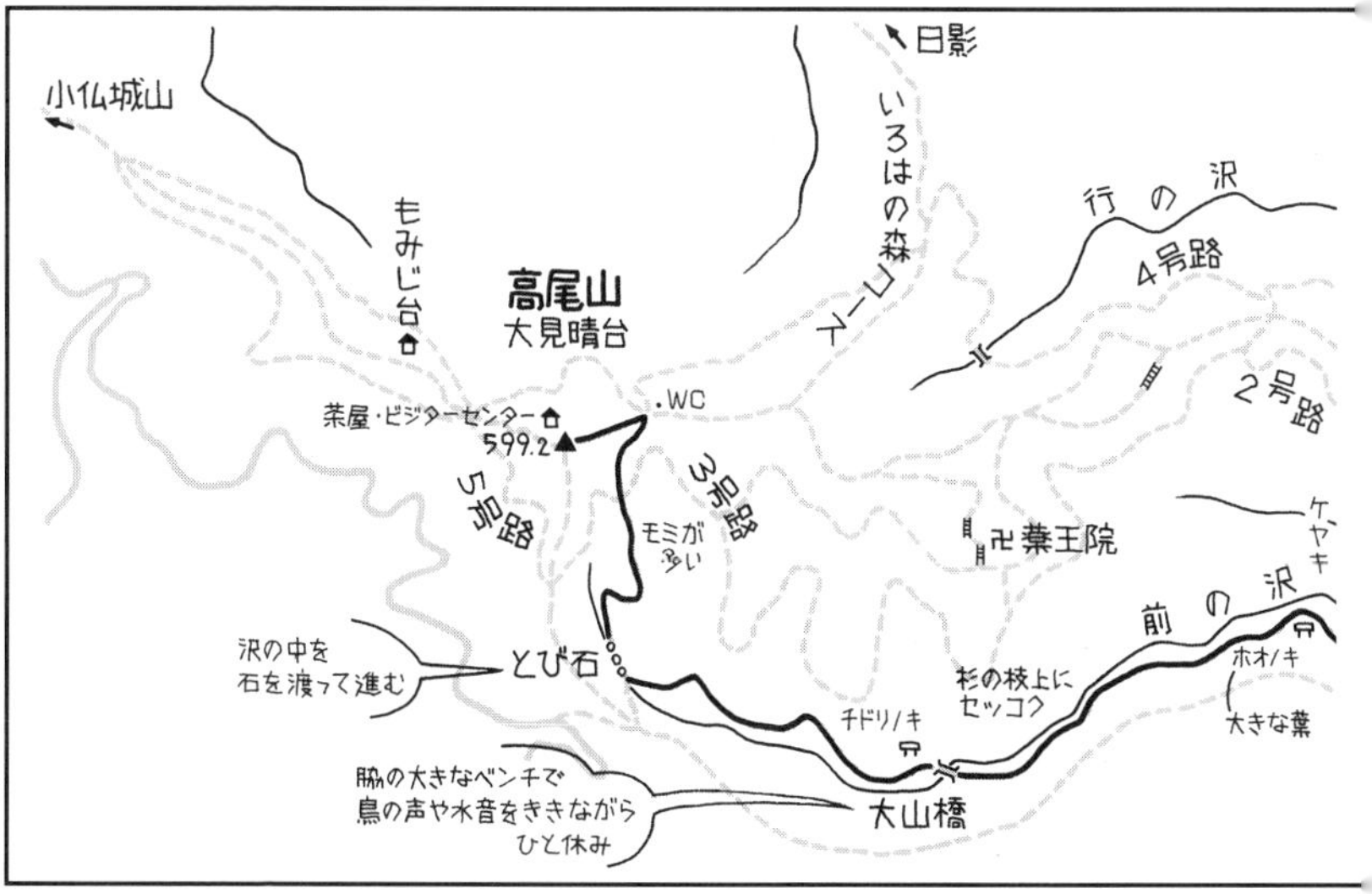

早春に咲くツルカノコソウの薄桃色を帯びた白い花、ユリワサビの白い小さな花もよく見ると一つ一つが美しい。目を凝らせば小さいものたちがそれぞれの存在を主張しているのに気づくだろう。

沢の向こうに橋を渡って洞窟が見える。「その昔、弘法大師が嵐をしのぐことができるように岩壁が崩れてできたほら穴」と伝えられている岩屋大師だ。やがて香の匂いが漂ってきてたくさんの赤いのぼりの中に琵琶滝の不動堂が見えてくる。琵琶滝はしぶきを上げながら涼し気に水を落としている。ここから霞台へ上る道もあるが、少し戻って6号路を続けよう。

ひと休み、ふた休み……

フェンスがあり、身を屈めて進んでいくと、山の奥に入りこんだような静かな道となる。勾配はきつくないので楽に進めるが、大きなモミの下にベンチが並んでいるので一息いれよう。近くにあるイロハモミジやイタヤカエデの紅葉もきれいなところだ。

沢沿いにはタマアジサイやヤマアジサイも多く見られるが、前者は薄紫の花をつけ、蕾の時はその名の通り、まん丸い球の形をしている。後者は六月から八月にかけて咲くが、内側のたくさん集まった小さな花も、外側の装飾花も白っぽい。

落葉低木のハナイカダは、葉っぱの真ん中辺りに花をつけるのが珍しい。しかも雌雄異株なので小さな花をよく見ると、六、七個集まって咲いていたら雄花、一個か二個、やや控えめな花なら雌花である。四月下旬～五月頃探してみると意外と簡単に見つかる。それを逃したら黒っぽい実をつける七月下旬頃、探してみるとよい。

水生動物などについての解説板が数カ所に設置されているが、よく目にするのはサワガニだ。沢に降りられるところもあるので水に触れてみよう。トンボも多いのでその幼虫のヤゴもいるかも知れない。ただし、石などを動かしたら元の位置に戻すのを忘れてはいけない。誰だって突然、自分の家の屋根を持ち上げられてそのままにされては困るでしょう？

大きな木ではフサザクラやケヤキ、ホオノキ、イタヤカエデ、イロハモミジ、タカオモミジなどの落葉広葉樹、モミ、スギ、ヒノキといった針葉樹が目につく。

大きなスギの枝に着生して薄桃色の花を咲かせるラン科のセッコクもこのコースで

はいわゆる目玉だ。花期は五月下旬から六月頃だが望遠鏡があったほうがよい。

大山橋のところにもベンチがあるのでもうひと休みもよい。沢を渡って、カエデ類やモミが沢にせり出すように斜めに生えた、斜面につけられた道を行く。

ちょっとした冒険気分

まもなく分岐があり、左へ稲荷山コースへ上る道があるが、6号路は沢の中の石を渡っていく。いわゆる『とび石』だ。雨で水量が増した時などはやや足元に注意が必要だが、ちょっとした冒険気分も味わえるかも知れない。沢から離れると勾配は増していき、森の中へと入っていく。眺望が開けるところもないので道端の植物や昆虫に目を配ったり、時折聞こえる色々な鳥の声、風が渡る音などを聞きながら行きたい。モミの多い森の中、木の階段がずっと続いて、やがて山頂を巻く5号路と3号路との分岐に出る。ベンチが並んでいるので、さらにひと休みしてもよいだろう。昼寝にもよいところだ。道標に従って5号路から山頂・大見晴台に出る。

チドリノキ
Acer carpinifolium
めばな
おばな
プリーツの入った葉っぱ。
これでもカエデの仲間。
その証拠は……
ハナイカダ
Helwingia japonica
めばな
花のところまでは太い葉脈
おばな
黒っぽい実
タマアジサイ
Hydrangea involucrata
うす紫が見える。
この先は見てのお楽しみ…。
7〜8月頃
フサザクラ
Euptelea polyandra
めしべ
赤いおしべ
葉っぱの先に特徴がある
うす茶色になる実

稲荷山コース

100年前、200年前……あの峰を見ていた人がいる。
あの林を歩いていた人がいる

ケーブルカー清滝駅に向かって左側の道路脇から橋を渡って階段状の山道が上っている。周りにはカエデが多く、春秋、美しい風景を作っている。稲荷山の名前の由来のお稲荷さんにすぐ行き当たる。そこからアカガシやアラカシといったカシ類やコナラなどの林と、スギやヒノキの植林の中をどんどん登っていく。木々の間から眼下に甲州街道が見える。

ススキが生えた広場。さらに風の音を聞きながら明るい尾根を登っていくと、展望の開けたピークに出る。その後またしばらく登ると、展望はやや木々に遮られ始めているがもうひとつの広場がある。

上り坂が緩やかになり、ヒノキの根が網のように張り巡らされた道となる。琵琶滝からの道を合わせ、山頂を巻く5号路と出合ったところにベンチがあるので、最後の約二百段の階段登りの前に一息入れてもよい。

69　稲荷山コース

スミレの山

ケーブルカー清滝駅のすぐ脇の、道路にかかった橋を渡って『稲荷山コース』が始まる。ヤマザクラやカエデ、コナラなどが生えた斜面の足元にはスミレがたくさん咲いている。高尾山はスミレの種類が多いことでも有名だが、何種類位探せるかよく観察してみよう。

　まもなく小さな社が二つある広場に着く。ここが『稲荷山』の由来のお稲荷さんである。大きくないところがなかなか立派な（?）お稲荷さんである。

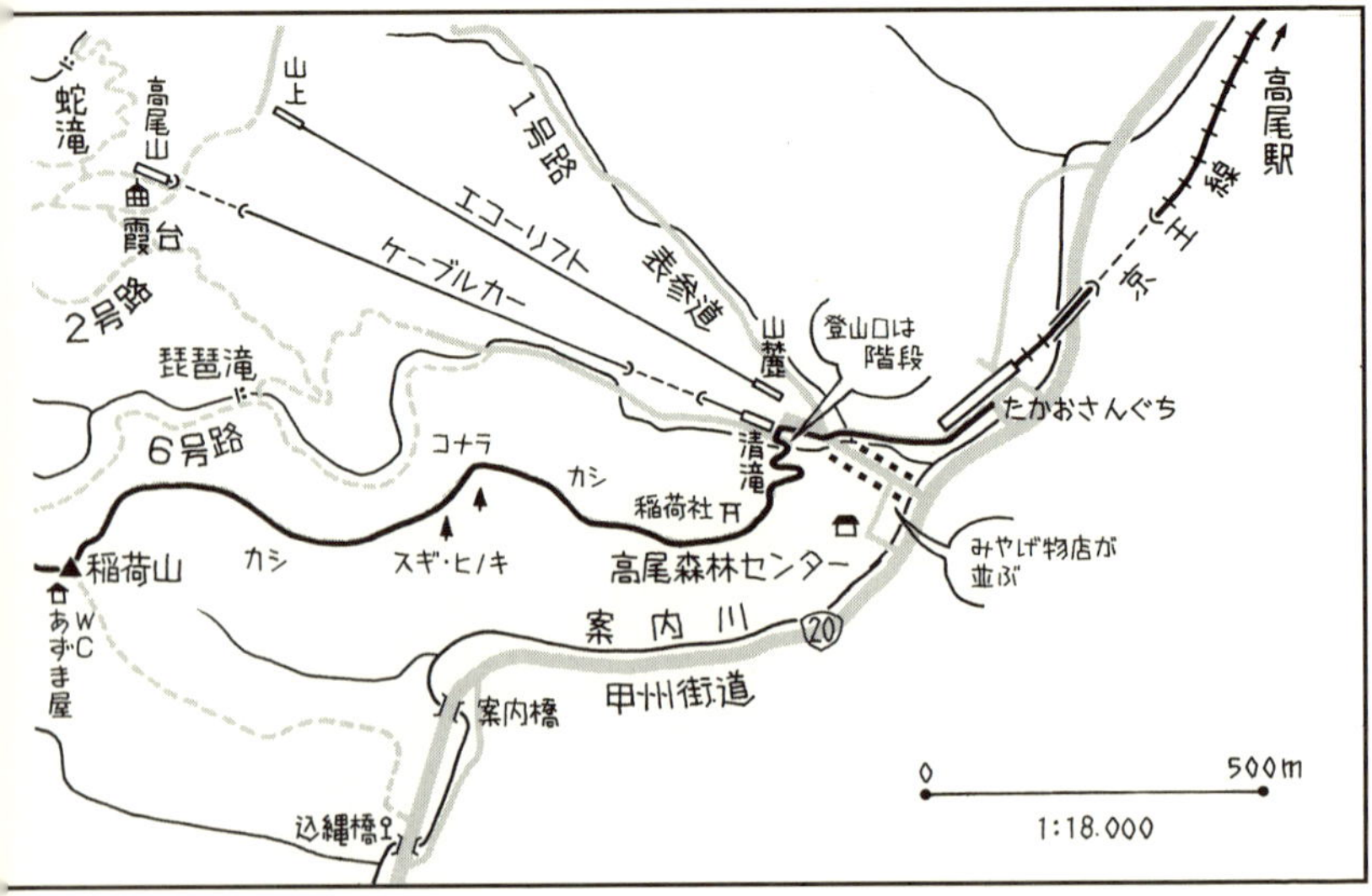

一部が欠損した古い石の狐が迎えてくれる。この狐が産まれた頃はどんな景色が広がっていたのだろうか。現在は春にはヤマザクラの薄桃色、ミツバツツジの紫がかった桃色が新緑に映える。休むには早いので道を続けていこう。

アラカシ、ウラジロガシ、アカガシなどの常緑広葉樹とコナラやホオノキ、ヤマザクラ、アカシデ、イヌシデなどの落葉広葉樹、そしてその林下にはマルバウツギやコゴメウツギ、アオキなどの低木が生えている。アケビや、ミツバアケビのつるもあちこちに巻きついており、足元には常緑のリュウノヒゲが茂っている。木の間から眼下に

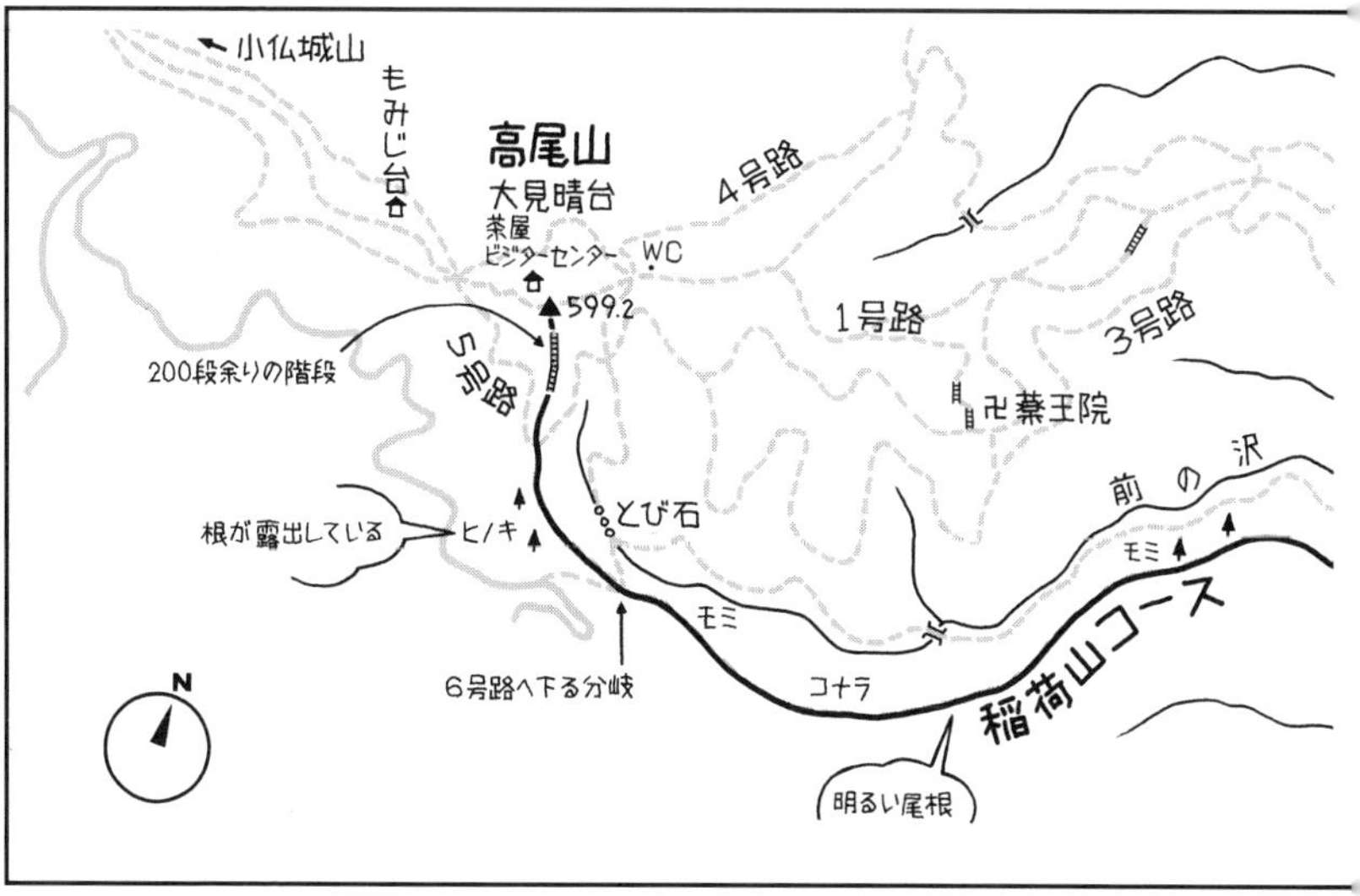

は国道二十号・甲州街道が見え、谷にこだまするのか、車の音が意外と近くに聞こえてくる。右側のヒノキの林の中、冬にはポッポッと紅い花をつけるヤブツバキが見える。林中の黄緑色の葉に白い花はオオシマザクラだろう。平らな道になり楽になる。

金色に輝く山の背は

カシの木の梢を風が渡っていく尾根道。右側の谷には琵琶滝があり、自然研究路6号路が延びているがそんな下までは見えない。谷の向こうから様々な鳥の声が響いてくる。初夏にはウグイスの声がよく響く。暗いヒノキの林下にシロダモが風を受けて青白い葉裏を見せている。春、シロダモやカシ類の若い芽は、薄い赤茶色で枝の先端についているが、緑と赤という、いわゆる補色が現われるのも面白い現象だ。

日当たりのよい左側にはモミジイチゴの花が白い花弁を下に向けて控えめに咲いている。花をよく見ようとその棘に気をつけながら茎をそっと持ち上げてみる。サクラに少し似ている。棘といえば丸い若葉が美しいサルトリイバラは猿も捕らえるほどの棘といわれているが本当だろうか。釣り針のようなヒゲ（つる）も面白い。この花は目立たぬ黄色とも橙色ともいえぬ色だがちゃんと見ると可愛いらしい。秋から冬にかけて真っ赤な実がなるがこれもまた魅力的だ。若葉は山菜とされる。

　ススキの生えた広場があり、スケッチの人、昼寝の人がいたりする。秋はススキの向こうに褐色に染まった南高尾山稜が見え、なかなか素敵だ。明るく平らな道や石垣の細道を通り、やや急な階段を登る。秋、ダンコウバイの黄葉やガマズミの紅い実がちらりほらり見える。もちろんカエデ類の紅葉も道筋を飾る。

　やがてピークに達すると、あずまやとトイレがある。眺望がよく、都心や筑波、千葉までも望めるが、遠景よりも近景の小さな山々の雑木がとても美しく、やけに懐かしいと思うのは、都心はおろか、武蔵野や東京近郊から里山がどんどん姿を消しているせいであろうか。

　早春の芽吹きは「これでもか！」というほどの多種の緑と、点在する薄桃色や白が美しい『絵』を見せてくれる。刻々と色が変わっていく様で、春のスピードは加速度的だ。しかし春もよいけれど、秋になるとまた「ああ、やっぱり秋はイイよね～」ということになる。ほとんどが褐色の紅葉であるが、光の加減でブロンズに、金色に輝く山の背は「心に焼きつけておこう！」と思うのだが、実際に見ると「おおっ、こんなに美しかったの？」と、また飽きずに感動させられるのが毎年のことである。

日当たりのよい斜面の木の根元に

広場を後にすると平坦な道になり、マツが数本、枯れている。原因は害虫だろうか、大気汚染だろうか、などと考えながら歩いていくと、木肌がささくれだったようなアサダ、大きい葉が特徴のホオノキ、ヤマザクラやミズキ、コナラなどの高木の下に高さ一メートル位のモミの若木が何本も立っているのに気づく。今、尾根筋に堂々と立っている直系八十センチ位の太いモミもかつてはこんなひょろひょろだったのかと百年、二百年前の森に想いを巡らせる。

緩い坂、階段状の山道を登っていくと、右手にコナラやモミの間から薬王院が見えてくる。左手には南高尾山稜が見える。コース沿いに多く見られる低木のコゴメウツギやクロモジの花を見てみよう。名前の「コゴメ」は「小米」から来ているらしいが、その小さい白い蕾は米粒よりも小さい。花は数個かたまってつくが、一つ一つの花の形はよく見ると複雑だ。楊子の材になるクロモジは四月頃、上向きの葉の下に、少し緑がかった黄色の小さな花を十個から二十個ほどまとめて下向きにつける。

次の見晴台広場はやや下枝が茂り始めてはいるが、日当たりのよい斜面の木の根元に腰を下ろすと気持ちよい。

木の段を登ると、ヒノキの根が露出した道となり、勾配はなだらかになり、琵琶滝からの道が上ってくる。その先でベンチのある広場に出て、5号路が左右に合わさる。鳥のさえずりでも聞きながら一息入れて二百段余りの階段を登れば大見晴台だ。

蛇滝道

どうしてそんなにきれいなの？
あたりまえに咲いているから？

高尾駅北口から小仏行きのバスで蛇滝口下車。山から引いている水場があるので美味しい水を頂いて行こう。蛇滝道を示す古めかしい石標に従い曲がる。千代田稲荷の辺りは背の高いイロハモミジが数本あって春も秋も楽しみだ。

行の沢を見下ろしながら、スギやヒノキの下、時にはサワガニも上がってくる鋪装道を登っていく。途中、蛇滝林道を分け、線香やロウの溶ける香りがしてくると石の階段の上に蛇滝の水行場が現れる。滝は柵から身を乗り出してやっと見えるのだが、水音に心を洗われるようだ。

蛇滝からはつづら折りの細い山道となり、キジョランやツヅラフジ、テイカカズラなどのつる植物がスギの木立から垂れ下がる緑濃い森の中になる。やがてイヌブナやブナの明るい林の中で2号路に合わさればすぐに1号路の十一丁目に出る。

77　　蛇滝道

高尾の名水

　JR高尾駅北口バスターミナルより一時間に約一本のバスに乗ると数分で蛇滝《じゃたき》口に着く。駅から徒歩でも約三十分の道のりなので、梅郷遊歩道などを利用して歩いてもよいだろう。

　バス停の手前にはかつて蛇滝道が表参道であった頃、参詣者の宿であったという建物がある。その横には向かいの元タバコ屋さんが提供してくれている『高尾の名水』が山から引かれているので、頂いていこう。

　雨が降れば、水量は増し、日照りが続けばだんだん減ってくる。まろやかな味のその水は、蛇口をひねればいくらでも水が出る生活で忘れていた、そんな簡単ことを改めて思い出させてくれる。

　道を進むとすぐに圏央道の巨大ジャンクションの橋脚が立ち並ぶのが見える。以前はバス道の下には田んぼが見え、春には梅の花、秋には彼岸花が咲くのどかな田舎の風景だった。今はただ騒音とコンクリートの巨大な塊に追われるように足早に通り過ぎてしまいたいところになってしまった。二十年以上にわたって署名だけでも五十万を超える多くの人がこの計画の見直しを求める声を上げていたのに、一度決まった計画はほとんどそのままで、しかも工事中に出てきた環境破壊の事実も吟味されぬまま、工事が強行されてしまったのだ。どうして、よりによって、こんなのどかなところに自動車専用道路を通さねばならないのか、ここを通る度に疑問が湧き上がってくる。

LITTLE KYOTO

蛇滝道の古い石の道標で左折すると老人ホームの大きな建物が右に見える。小仏川にかかる橋の手前から梅郷遊歩道が続いているが、こちらは橋を渡り、直進する。右手に千代田稲荷があるがこの辺り、イロハモミジの紅葉が素晴らしい。黄緑や黄色や橙色、赤、紅色、赤紫、紫とまさに色とりどりの葉が陽に透けて見える様はそれだけでも御褒美《ごほうび》をもらったような気分になる。英語が母国語のつれあいはここを『小京都』

という感覚で『ＬＩＴＴＬＥ　ＫＹＯＴＯ』と呼んでいる。春ならひときわ明るい黄緑のカエデの新緑もよいが、千代田稲荷の古びた石段の上に咲くミツバツツジの紫がかった桃色の花や足元に咲く数々の小さな花も春を歌っているようだ。

木いちごのこと

鋪装された山道は行の沢に沿って上っていく。スギやヒノキが植林された山の斜面には艶々した長い葉を茂らせたシャガがたくさん生えている。足元にはノブキのまるい葉や色々なシダの繊細な形の葉が見える。イチゴに似た三つ葉の植物は街なかでも見られるヘビイチゴだ。春には黄色い花を、五月頃からはイチゴのようにブツブツがある丸い赤い実をたくさんつける。蛇も食わないほどまずいともいわれているが、あんなにたくさんあると「う〜ん、ジャムにしてもまずいのかな〜」とやや後髪を引かれてしまうわたしである。

春の緑も少し色濃くなるとクサイチゴの白い五弁の花が足元にパッと開いていたり

する。黄緑がかった中心部にたくさんの雄しべをつけ、繊細な輪郭をもった白い花弁を開いた姿はハッとさせる美しさを持っている。その名前には『草』とついているが木の仲間ということだ。六月頃に赤く熟す実は甘くて美味しい。しかし気をつけないと実の腔《こう》に白いウジ虫がいたりするのだ。数年前、近所の野原で採って来てむしゃむしゃ食べていたらそんな虫を発見してパニックに陥ったのは未だ記憶に鮮明だ。

　木いちご類で一番おいしいのは白い花を下向きにつけ、ラズベリーをみかん色にしたような実をつけるモミジイチゴだろう。もちろん国定公園である高尾山では採ってはいけないので、他のところで頂くように

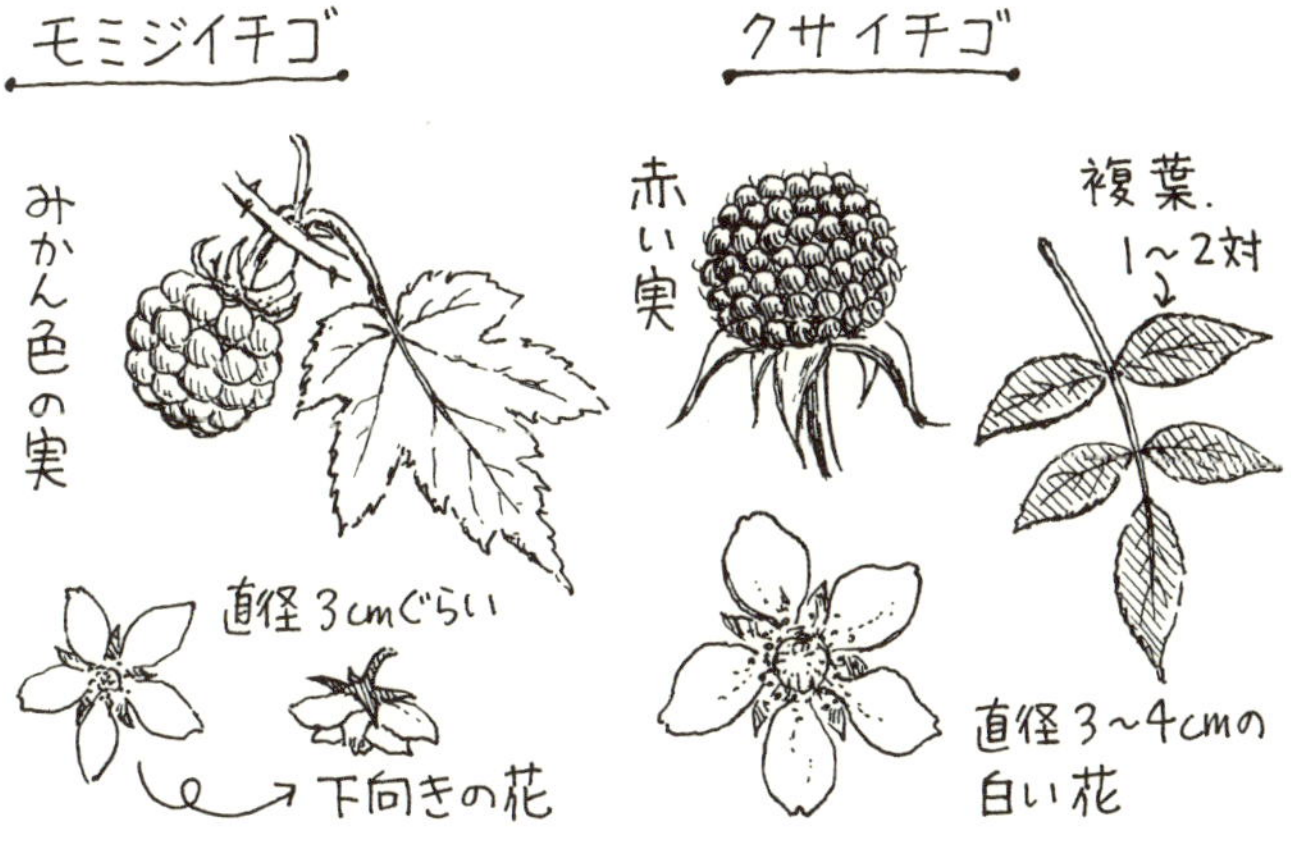

しているが、よほどこまめに出かけないと食べ頃を逸することが多い。何故ならその年の天候の具合もあるし、実る頃は雨が多く、ようやく晴れて出かけてきたら木いちごはもう、べちょべちょになっていた、ということになるからだ。

蛇滝林道を左に分け、登っていく。夏には、道で吸水するカラスアゲハやミヤマカラスアゲハの姿もよく目にする。沢に沿ってはタマアジサイが多く、八月頃からその薄紫の花がたくさん見られる。

水の音、修行者の声

やがて沢をまたぎ、石仏が鎮座した道を登っていくと、ロウソクや線香の匂いが漂ってきて蛇滝の水行道場に着く。苔むした石柱。石段横の岩肌にユキノシタやイワタバコがへばりついている。ユキノシタは丸い葉に放射状の模様がきれいで、五月から六月に咲く花もよく見るとその造りは大変繊細で凝ったデザインとなっている。蛇滝は水行道場の柵から身を乗り出すようにしてやっと見えるが、水の音が耳に心地よい。

水の音や修行者の声を後ろに聞きながら、ここから細くなった山道を登っていく。やや急なつづら折りの道沿いにはヤブミョウガが多い。ミョウガに似た艶のある葉を放射状に付け、三十センチあまりの長い茎を伸ばし、七月中旬頃、白い小さな花をつける。丸い青い実は緑から青緑、藍色へと染まり、宝石のようだ。五月から六月頃、落葉低木のマルバウツギ、ウツギ、ウリノキなどそれぞれ白い花をつけ、初夏の山を涼し気に飾る。高木ではミズキ、クマノミズキ、ヤマボウシなども白い花だ。高木は下から見上げても花が見えないので、上に登ってから初めて気づくことが多い。スギやカヤなどの大きな木から、大きな丸みをおびたハート形の葉を持つキジョランやツヅラフジのつるが垂れ下がり、ヤマアジサイやアオキが茂り、登っていくうちに「ここはジャングルだ！」と心が踊ってくる。

途中、二カ所ほど踏跡があるが、分岐で迷ったら右を選べばよい。道の崖側に大きなモミが立っているので本当は触って挨拶したいが、あまり木に近づくと木を押し出してしまいそうに思えて遠慮して山側に寄って通る。薄暗い林からだんだん明るい林になっていく。イヌブナやブナの自然林だ。木の間から八王子城跡や富士見台辺りが見え始め、2号路と出合えばすぐ霞台に出る。

いろはの森

自然について、知らないことは「いや」というほど、
知りたいことは「もういいよ」というほど、たくさん

高尾駅北口から小仏行きバスに乗り、日影で下車。カツラ林を左に見ながら日影沢林道に入る。ヤマグワやミズキ、アブラチャンなどが川面を覆うように生えている。その日影沢を右下に見ながら、明るい、ほぼ平坦な緩い坂を進んでいく。

ウッディハウス（多目的ホール）と日影沢キャンプ場のところで日影沢林道を離れ、左の道へ入る。大きなスギや岩に分厚く苔が生えている。道中、その名通り『いろは』を頭文字にした樹木の名札が付けられており、説明を読みながら行けば上りもさして苦にはならない。再び出合った林道を渡って細い山道を登っていく。あまり展望は開けないが、途中、ベンチが数カ所に設けられている。やや急な上りも多いがその割に歩きやすく、静かなコースだ。

やがて4号路と出合い、モミの林を抜ければ1号路に出て山頂はまもない。

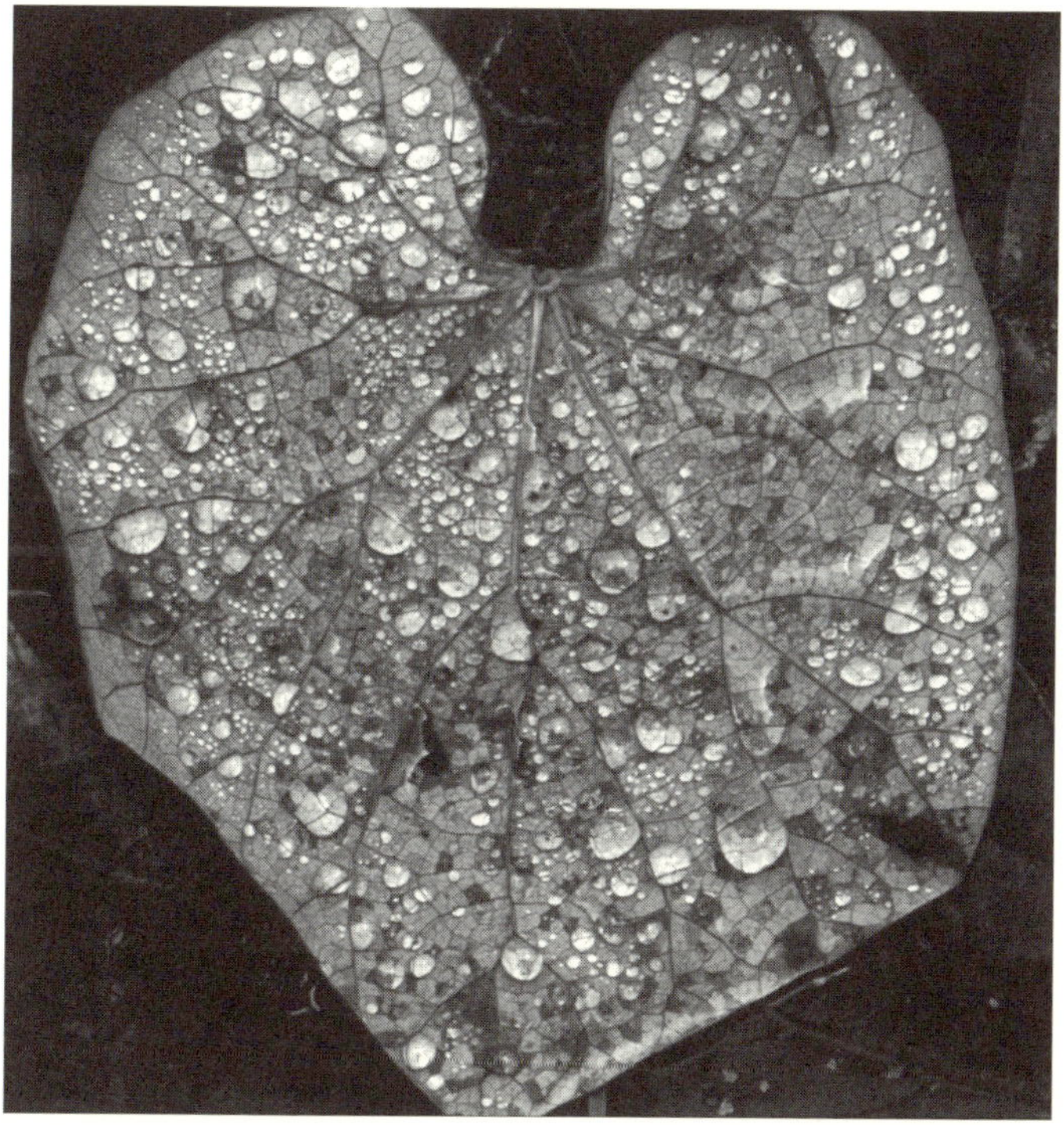

うーん、絵になるなあ

日影バス停で下車すると、マス釣り場があり、その向こうにカツラの人工林が見える。赤っぽい芽吹き前の花の色や新緑、ハート形の葉っぱの黄葉が楽しめる。バス道（旧甲州街道）を進み、日影沢林道の入口に立つ。道標や多目的ホールの催し物の掲示板があるが、橋を渡ってすぐ左に、カツラの林の中への道やデッキもつけられている。時間があれば寄り道したいところだ。

林下には、早春に薄赤紫〜薄青紫色の花をつけ、花が終わるといつの間にか姿を消してしまうヤマエンゴサクや、五弁の白い花（実は花びらに見えるのは萼ということだ）と優しい形の葉も可憐なニリンソウ、地面にへばりついたような葉に小さな空色〜薄紫色の花のヤマルリソウなどが見られる。夏には薄い黄緑色の、ユリとしては地味な花をつけるウバユリ、小さな白い花をつけ、葉が涼し気なマツカゼソウも見られるだろう。橋のたもとにヤマグワの木があり、六月頃、紫〜黒っぽい実をつける。

平坦な林道は左にヒノキやスギの植林を見て、右に日影沢を見下ろしながら続く。沢を覆うようにして、アブラチャンやオニグルミ、ヤマグワなどが生えており、沢に降りられるところもあるが、湿った場所にはハナネコノメ、ネコノメソウ、ヨゴレネコノメソウなどネコノメ一族（？）も見られる。

道沿いにはシダ類も多いが、ある日、明るい緑色の葉に一センチから大きいものでは四センチ位の青虫がついていた。シダの葉色とそう変わらない明るい青緑色に黒っぽい縞模様がなかなかきれいな御姿、シダの葉にとてもよく合っていて、「う〜ん、絵になるなあ」と思った。「何の幼虫だろう」とやや期待しながら、家へ帰ってから図鑑を見ると、「が〜ん、こんなになっちゃうの？」と我が眼を疑ったほど、その成虫、蛾のマダラツマキリヨトウの姿は「絶対触りたくない〜！」というもの。そりゃ、物事を見た目で判断してはいけないことは分かっているつもりなのだ（そのための失敗を多々、経験している筆者であります）が、その親の姿は、絵にしたいとはなかなか思い難いものだった（ショックが大きかったおかげで名前は覚えられたが）。

しかし、蝶や蛾、トンボやセミなど昆虫の変態は人間の成長過程とは異なるためか、とても神秘的に感じる。子供の時、モンシロチョウやアゲハの幼虫を飼ってそれが蝶になるのを感動しながら見守った経験のある方も少なくないと思う。大体、青虫から蛹になるのも面白いし、そこからあんな大きな羽を持った虫が出てくるなんて！　我が家では、「人間がそんな変態をする生物だったら面白いね」と想像することがある。セミの抜け殻のように自分の抜け殻があったらどうしますか。飾っておきますか？

　道筋にキジョランが生えているためだろう、幼虫がそれを食草とするアサギマダラがフワフワと風に乗ったような優雅な動きで飛んでいくのをよく見かける。春になったら色々な草木の葉っぱをそっと裏返してみると面白い。小さい生き物の世界が広がってくる。（ただし気をつけて！　毛虫に触れないように！）

休みながら樹木を観察

　まもなく日影沢キャンプ場に着く。広場の横には『ウッディハウス愛林』という多目的ホールがあり、森の図書館、展示スペースなどがあるが、平日は開いていないし、靴を脱がなくてはならないので、面倒くさがり屋のわたしは実は一回しか入ったことがない。立派な建物だが、もう少し気軽に利用できるとよいと思う。

キャンプ場では、色々な団体や家族連れが、バーベキューをやったり、冬には豚汁を作ったりして、外での食事やレクリエイションを楽しんでいるようだ。どこかの会社の組合なのかメーデーの集会をやっていたりもした。

ここから林道と別れ、左前方の道を採る。八王子山の会の山荘の前を抜けて沢を渡り、苔むしたスギの木立の下を行く。

まもなく名札が掛けられた樹木が増えて来て、道も上り坂になる。少し登るとまた道幅の広い林道に出る。右へ行けば先ほどの林道の続きにぶつかり、城山方面への道

ティシューペーパーの呪

道草好きのわたくしの冒険心を挫かせるものは「マムシ注意」でも「行止り」の立札でもありません。山道に散らばったティシューペーパーです。(もちろんペーパーだけのはずはありませんね)
ティシューペーパーは分解しにくく、数ヶ月たってもほぼそのままです。道のまん中にイタチやテンの落としものを見ても平気なんですが、どうもペーパーの方はかえって想像してイヤな気分になる…という心理でしょうか。　高尾山あたりなら行けるときには必ずトイレに行くようにすれば、非常事態を招くこともないでしょう。万一のときは穴を掘って、後で土をかけ、ペーパーは持ちかえって処分するぐらいの心がまえをしたいものです。

に続く。左に行くとしばらくは林道が続くが行き止まりとなる。ここでは林道を横切って前方の細い山道に入り、どんどん登っていこう。

『いろはの森コース』で見られる主な樹木は、イロハモミジ、イタヤカエデ、エンコウカエデ、オオモミジ、チドリノキ、ホオノキ、ソロ（アカシデ）、クリ、ヤマボウシ、ケヤキ、ブナ、コナラ、ネムノキ、シロダモ、アラカシ、カヤ、モミ、ヒノキ、スギ、ニワトコ、ヌルデ、タマアジサイなどである。

カエデ類、特にイタヤカエデの紅葉は一枚一枚の色や模様、そして葉の形も微妙に異なるので、あれも描きたい、これも描きたいと拾っては描ききれなくなり、「手の遅い絵描き」泣かせの葉っぱである。それでもやはり、その季節になると拾ってしまう自分がいる。同じ葉っぱは一枚もないというが、本当にそうなのだと実感できる。

全般を通して展望はあまりよくないが、コース沿いには所々にベンチがあり、秋にはカエデをはじめとして紅葉を楽しめるところもある。休みながら周りの樹木を観察してみよう。ルリミノウシコロシなんてちょっとコワイ名の木もあったりする。右へ4号路を分けると、モミの林を通ってまもなく1号路に出る。山頂・大見晴台へはあと少しだ。

ヨゴレネコノメ(ソウ) *Chrysosplenium*

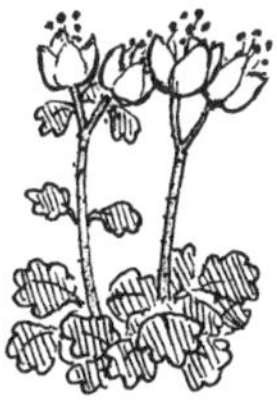

白い花弁状の萼《がく》に
赤いおしべの花粉袋

ネコノメ一族には
他にも
・ヤマネコノメソウ
・ネコノメソウ
・ヨツシベネコノメソウ（ヤマ）
などが。

ハナネコノメソウ

とても"汚れ"とは
思えない。葉色が
暗い緑褐色のせい
だろうが、実はその
ために中心部の
レモンクリーム色が
輝いて見えるのです。

わたしのお気にいり

ゴイシシジミ
〈碁石小灰蝶〉
Taraka hamada

はじめて見たとき、その白と
黒のツートーンが おしゃれで
キュートだと思いました。
でも幼虫は"肉食"で
タケやササにつくアブラムシを食べるとか…。

よ〜く見ると
バレリーナのような
白いアシです！

学習の歩道

ヒノキの風を吸ってみる。
これが空気、これが息

高尾山口駅から相模湖行きのバスで大垂水下車。少し戻った歩道橋のところから沢を渡り、山に入るとたちまちヒノキの香りがしてくる。ヒノキやアカマツの葉が積もった、ふかふかの山道を登っていく。大平林道に合流し、小仏城山への道を分ける。林道は平坦で幅広く歩きやすい。スギやヒノキの植林を背景にヤマザクラやミズキなども点在する。

まもなく林道から細い道に入ると北斜面の道になり、やや暗いヒノキやスギの林下の道となる。やがて南斜面に回っていくと明るくなり、一九一五年に植林された太いスギの木立の中から、明るく広い東海自然歩道に出る。

もみじ台までは南側の巻き道も富士見台園地を通るので捨てがたいが、尾根道もヤマザクラやアカマツが生え、魅力的だ。もみじ台から高尾山大見晴台へは目と鼻の先だ。

93　学習の歩道

丹沢山塊、富士山の眺めがよい

高尾山口駅（あるいは高尾駅北口の甲州街道沿いのバス停）より相模湖行きのバスに乗る。本数は一日数本なので調べておこう。高尾山口駅を過ぎると道は山間の谷となり、車窓から右側には稲荷山の尾根が見え、左は南高尾山稜が迫っている。

無数の淡い色が調和しながら変化していく新緑の春の山もよいが、青い空を背景にして、葉を落としたコナラやクヌギなどの柔らかい茶色や灰色の林、スギの赤茶けた林、ヒノキの青黒い林、渋い黄緑や抹茶色の竹林と、パッチワークのような冬の山容もなかなか素敵だと思う。

大垂水で下車する。大垂水峠は海抜三九二メートルで、東京都と神奈川県の境となっている。バス停の辺りからの丹沢山塊や富士山の眺めはなかなかよいので、天気がよい時はちょっと眺めていきたい。

甲州街道を（気をつけて）渡り、城山への登山道『関東ふれあいの道』の入口を通り越して、高尾山口方向へ少し戻った歩道橋のところから山に入る。コースの地図が立っている。途中にも道標があり、迷うことはないと思うが一応頭に入れて行きたい。また、近くで伐採作業をしていることもあるので注意したい。

ヒノキの葉が積もってよい香りがする。しばらくはアカマツやヒノキが頭上を覆う道を登っていく。マツの葉も積もってヒノキとはまた違うよい香りを放っている。

やがて大平林道に合流すると右手に送電塔が立っており、左に城山への道が上っている。幅広い林道はほぼ平坦で明るく歩きやすい。

早春、レモン色のかんざしのようなキブ

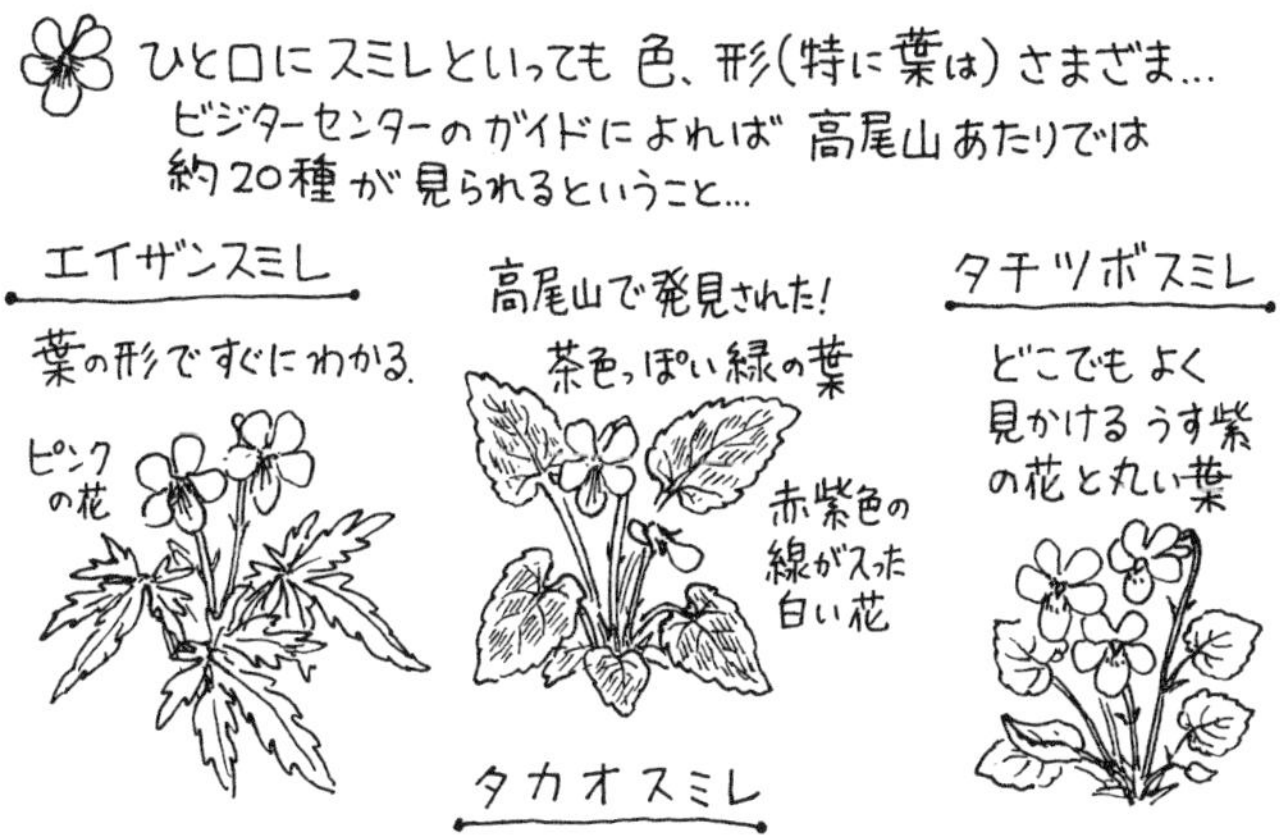

ひと口にスミレといっても 色、形(特に葉は) さまざま…
ビジターセンターのガイドによれば 高尾山あたりでは
約20種が見られるということ…
エイザンスミレ
葉の形ですぐにわかる.
ピンクの花
高尾山で発見された!
茶色っぽい緑の葉
赤紫色の線が入った白い花
タカオスミレ
タチツボスミレ
どこでもよく見かけるうす紫の花と丸い葉

シの花が、まだ葉の出ない枝からたくさん垂れ下がっている（六月頃、緑色の房が垂れていて、「これなんだっけ？」と考えてみたらそのキブシの実であった）。そしてヤマザクラなどのサクラが白や薄いピンクの花をつける。サクラも散って緑が濃くなってくる五月頃、白っぽい小さな花がたくさん集まって咲いている木はミズキだ。遠くからだと緑の葉の上にクリーム色の層になっているように見える。地面にはホウチャクソウ、チゴユリ、クサイチゴの白い花々やエイザンスミレ、タチツボスミレなど色々なスミレの薄い桃色や薄紫、紫の花が賑わっている。

山海苔ゴケ

林道から道標に従って左の細い道に入ると北斜面の道になり、ヒノキやスギの植林の中を進む。岩から水が流れ落ちているところもあり、近くには水辺を好むユキノシタやコケ、シダ類が茂っている。名を知らぬ苔をその様子から連想して、勝手に『山海苔ゴケ』（ここで初めて、ああ、海苔って「海の苔」と書くんだっけ、と気づく！）

と名付ける。しばらくは自分の中ではこの名を使うことになろう。

いつの間にか幹の直径が十センチ位の細いサクラの若木が道に沿って植えられているのに気がつく。このサクラがこれから上がる尾根のサクラのように両手で抱えられないくらい太くなった頃にはどんな景色になるのだろうか。すでにわたしはいないだろうが、周りの木々は生き続けるだろう。その自然が豊かなものであるといい、などとしばし感傷に浸る。

道は南斜面側になり、だいぶ明るくなる。足元にはリュウノヒゲなどが細長い緑の葉を茂らせ、スミレもあちこちに見える。先ほど分かれた林道の先から上ってくる細道を右に合わせてまもなく、一九一五年に植林されたという太いスギの木立を見ながら行けば、東海自然歩道に出る。

高尾山大見晴台へは真ん中の上り坂をマツやサクラの並木を見ながら行くか、南側の巻き道を富士見台園地を経て行くか、少し城山方向へたどって道草すれば早春はミツバツツジの薄桃紫の花が美しい北側の巻き道を採るかは、そのときの気分に任せたい。もみじ台には見晴台やトイレ、もみじ茶屋がある。ここから目と鼻の先の高尾山大見晴台の混雑を避けてモミジの下で休むのもよいだろう。

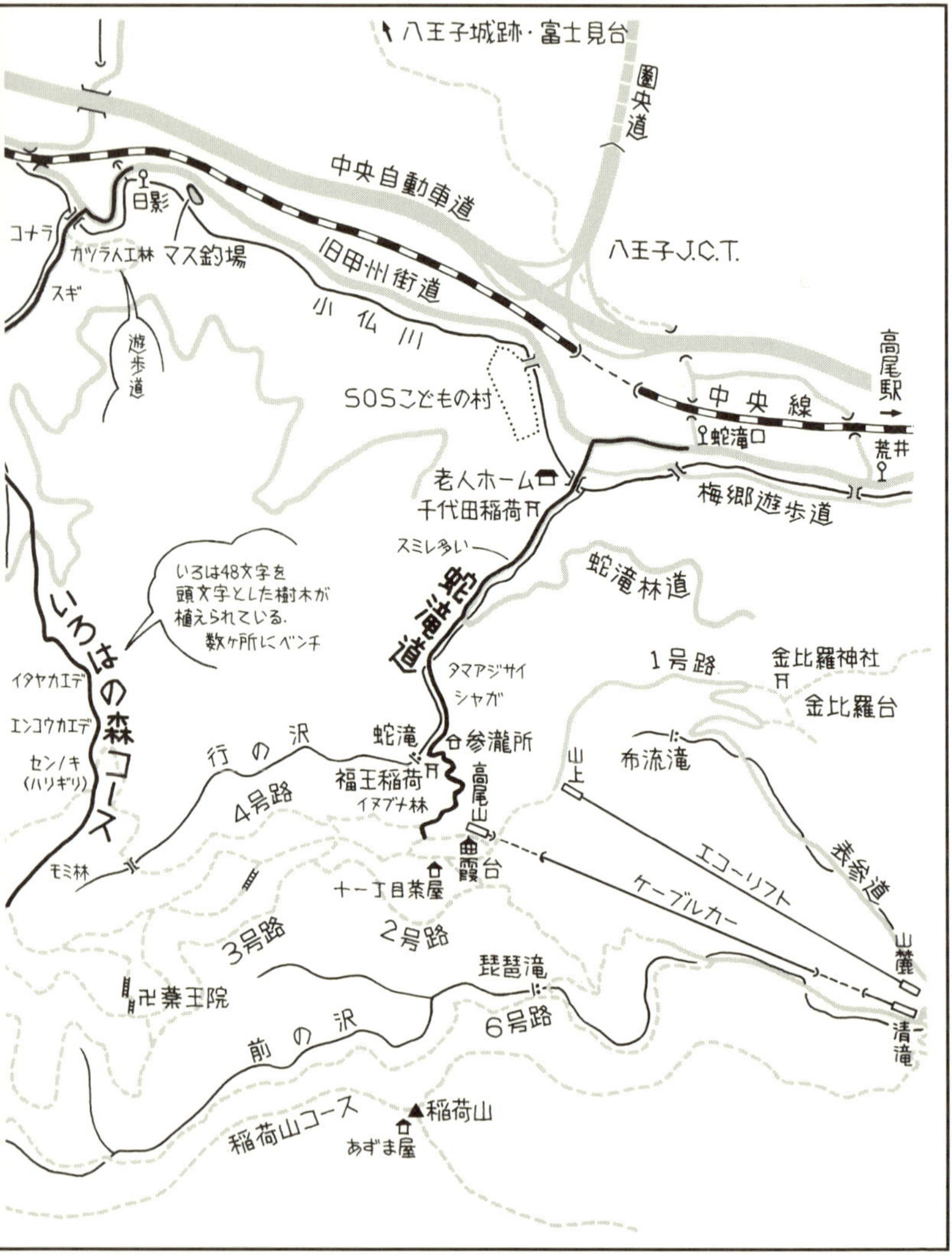
八王子城跡・富士見台
圏央道
中央自動車道
日影
コナラ
カツラ人工林
マス釣場
旧甲州街道
八王子J.C.T.
スギ
小仏川
遊歩道
高尾駅
SOSこどもの村
中央線
蛇滝口
荒井
老人ホーム
千代田稲荷
梅郷遊歩道
スミレ多い
蛇滝林道
いろは48文字を
頭文字とした樹木が
植えられている。
数ケ所にベンチ
いろはの森コース
蛇滝道
イタヤカエデ
エンコウカエデ
センノキ
(ハリギリ)
タマアジサイ
シャガ
1号路
金比羅神社
金比羅台
蛇滝
参籠所
行の沢
山上
布流滝
福王稲荷
高尾山
4号路
イヌブナ林
霞台
エコーリフト
表参道
モミ林
十一丁目茶屋
ケーブルカー
3号路
2号路
山麓
琵琶滝
薬王院
6号路
清滝
前の沢
稲荷山
稲荷山コース
あずま屋

0
500m
1:18.000
N
小仏城山
アブラチャン
WC
ウッディハウス
日影沢キャンプ場
小仏城山
一丁平
あずま屋・WC
日影沢
日影沢林道
東海自然歩道
ヤマザクラ
イロハモミジ
学習歩道
ヒノキ
巻き道
茶屋
WC
スギ
大平林道
マツ
もみじ台
高尾山
大見晴台
相模湖
あずま屋
富士見台園地
江川杉
茶屋
ビジターセンター
599.2
大垂水峠
大垂水
歩道橋
ヒノキ林の中
ヤマザクラ・ミズキ・アカマツ
登るともみじ台へ
5号路
甲州街道
20
案内川
とび石
大洞山
高尾山口駅

2号路

イヌブナの若葉、赤ちゃんのほっぺたのよう。
柔らかくて、つい触ってみたくなる

霞台を取り巻く2号路は約〇・九キロのコースなので三十分位で歩けてしまう。単独ではなく、一部分を3号路や4号路と併せて使うのが一般的だ。ケーブルカー駅から1号路に出る途中には鮮やかな紅葉が楽しめる三枚葉のメグスリノキがある。動植物や森林を紹介したパンフレット類が並べられている霞台ログハウスの横から階段を下りていくと、右へ蛇滝道を分ける。温帯系のイヌブナやブナの林は明るく清々しい。夏はヤマアジサイなどが道を覆うように生えているので人間はすっぽり隠れてしまう。

浄心門の手前で再び1号路と出合い、門の横の小道に入る。山頂方面への3号路を右に分けて、暖帯系のカシ類やヤブツバキなど、緑濃い常緑広葉樹の林となる。イロハモミジなどカエデも多く紅葉が楽しめる。琵琶滝に下る道を分け、階段を登れば、先程の小屋の反対側に出る。

ああ、実は……

ケーブルカー駅から1号路へ向かうと右手に名札が付いたメグスリノキがある。昔はこの木の樹皮を煎じて洗眼薬を作ったそうである。紅葉は明るい橙色、紅、赤紫、燕脂色となかなか目を惹く美しさだ。目の保養という点での目薬にも推薦したい。

イヌブナやブナの温帯林が広がった北側の斜面は春もよし、夏もよし、ああ、実は一年中よいところなのだ。イヌブナの柔らかそうな葉が開いてひらひら揺れていると、つい触ってみたくなる。赤ちゃんのほっぺたのように柔らかいのだ。ブナの葉は高い枝に手が届かないのでなかなか触れられないが、イヌブナの方は根元からひこ生えが出ているので容易に手が届くというわけだ。

森の中にすっぽり隠れた気分に浸れる道はすぐに1号路に戻ってしまうが、浄心門の横から再び木々の茂る道へ入る。右へ行くと3号路だ。先ほどと同じ森の中の気分だが、よく見ると樹木が違う。こちらは緑が濃いのだ。常緑広葉樹（照葉樹）のカシ類やヤブツバキなどが多いからだ。

野草園の裏の道を進み、琵琶滝に下る道を右に分ければ、少々の上りで再び1号路、十一丁目茶屋の横に出る。登り切ったところにベンチがあって、夏でも涼しい風が吹き上がっていたのだが、近年、そこにあった大きな木が枯れてしまった。真夏に蛇滝道から汗だくになって登ってきても、その木陰のベンチで休むと、下から涼しい風が吹いてきたものだ。木陰が無くなったせいで以前ほど涼しくないので残念だ。木一本で、こうも違うものか。こんなことからも人間が自然に手をつける時、色々な角度からその影響を考えなくてはいけないのだと強く感じさせられる。

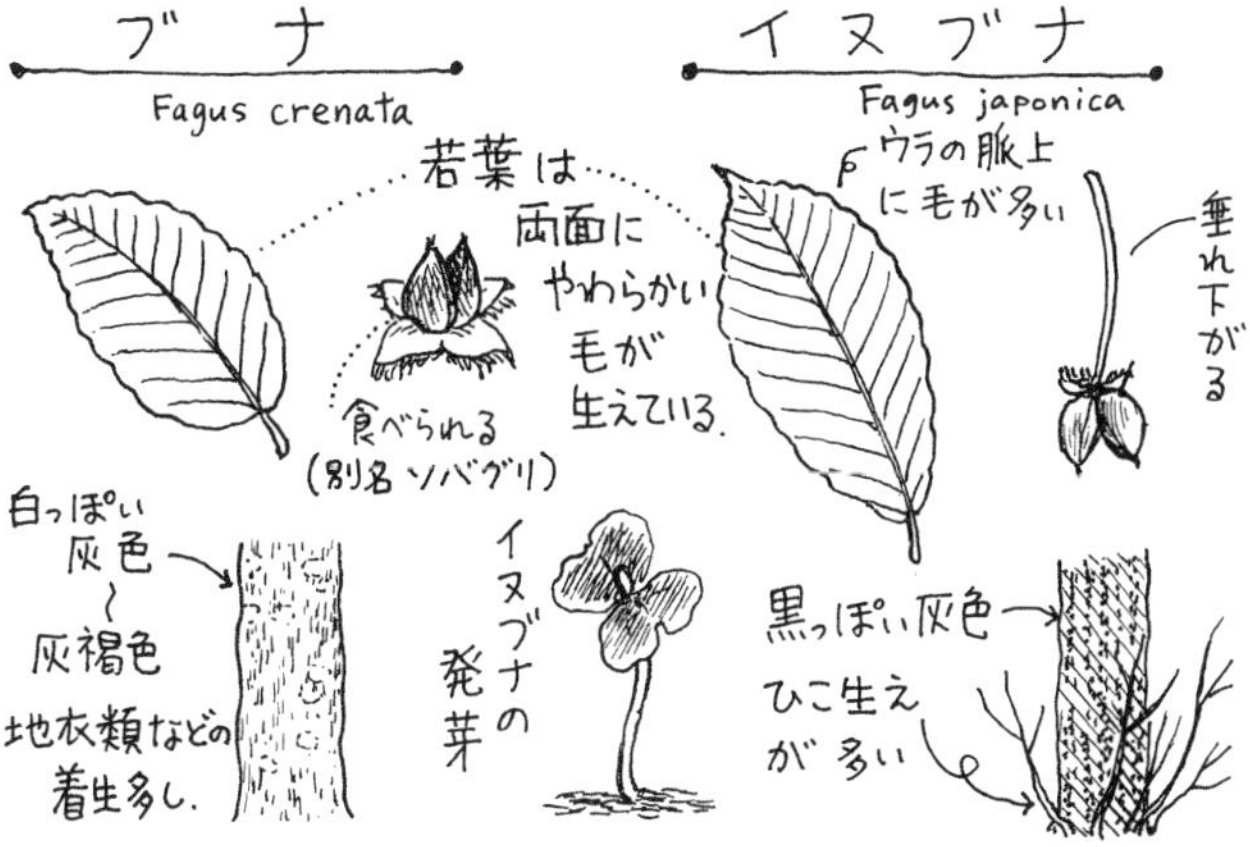

3号路

大好きなモミの樹にあいさつする。
おはよう、ありがとう、またあした

浄心門から左へ入るとアラカシやウラジロガシなどのカシ類が多い、緑の濃い森になる。右手の斜面にはマルバウツギ、コゴメウツギ、アオキ、ヤブツバキなどが、左の谷側には深い緑の大きなスギやカヤ、モミが立っている。

あまり見晴しはなく薄暗いのだが、陰気な感じがしないのは樹間が空いていたり、多種の樹木が混在しているからか。イロハモミジやイタヤカエデ、ケヤキ、アカシデ、ホオノキなども目につく。

山腹を巻きながらの道は、起伏の少ない歩きやすい道である。その割に1号路のような混雑もなく静かな山歩きが楽しめる。とはいえ、たまに頭上から1号路を歩く人々の歓声が聞こえてきたりする。

途中、右に薬王院へ登る道を分け、その先で5号路に出合う。そこからは1号路を経て少々の上りで山頂に到る。

天狗様の気分

3号路はよく利用するコースである。ちょっと出遅れた時、天気が悪い日、やや疲れ気味の日など、ズルして(?)高尾山口からリフトで上がり、山歩きの気分に浸るのには、比較的静かな3号路、または4号路を歩くことが多いからだ。

イロハモミジやイタヤカエデ、カシ類の茂る薄暗い道は、すぐに2号路を左に分け、平らに続いている。木漏れ日の美しい道を進んでいく。

常緑樹のカシ類とはいえ、通年、少しずつ葉を落とすわけだから、特に春にはそれらの葉がたくさん落ちているのに気づく。他にもテイカカズラの赤い葉っぱ、コースの中程に数本見られるカゴノキの黄色くなった葉、黄色に染めた葉を緑の水玉模様で飾っているアオキなど、秋でなくても紅葉は楽しめるというわけだ。

起伏の少ない道は歩きやすい。ただし、途中、ベンチなどの設置場所はなく、特に休めるところはないから、休みたくなったら道が広めになったところや橋の縁などで腰を下ろすしかない。

　幹の直径が一メートル以上もありそうなモミやスギがズイッと立っている。キジョランやテイカカズラ、ツヅラフジなどのつるが簾のように下がっていて、その隙間から、八王子や相模原の辺りだろう、街が見え隠れする。天狗様になった気分で人間界を見ているようだ。

　突然、目の前を今までに見たことがないくらい見事な、青緑に輝く黒い翅をしたカラスアゲハが横切っていったので嬉しくなる。得をした気分だ。

バードウォッチングといこう

　幹が明るい灰褐色の木がある。細かいブツブツ模様に、ところどころに人間の目のような模様も入っている。葉っぱを見ると長い葉柄にハート形に近い丸い葉が付いている。イイギリだ。秋になれば黄葉し、房になった橙色〜赤い色の実をつける。ところが何故かこのコース沿いでイイギリを見つけると、カラスザンショウが近くに生えているのだ。こちらの幹も灰色でブツブツがあるが、こちらはそのブツブツが根元の方では数センチの楕円形〜横長の筋に盛り上がっている。その葉は山椒を十〜二十倍位にしたような複葉だ。

カゴノキの解説板があり、近くにカゴノキが生えている。木肌が鹿の子模様になっているのですぐわかる。その名の由来の「鹿の子＝鹿子＝カゴ」である。筆者はずっとカゴノキの「カゴ」は「篭」だと思っていて、「どうしてかなあ」などと考えていた。普通、図鑑などでは植物名の表記はカタカナだが、できれば漢字も併記したものがあると、より親しみやすいと思うのはわたしだけであろうか。

薬王院へ続く道が右に上っている。『飯盛杉』を経て行くのだが、ここはあまり利用されていないようで、結構、下草が茂っていることが多い。また薬王院の工事などの理由で通行止めになっていることもある。『飯盛杉』はどっしりした風格がある木なので、時々はその姿を拝みたいのだが……。

3号路を続けるとケヤキやカヤ、スギの大きな木たちが次々と現れる。おや、またイイギリとカラスザンショウだ……。この二種類の木の関係の謎は解けていない！

大きなモミが生えているところから曲がって、石で造られた階段状の道をひたすら登っていくと、左に木肌の亀甲模様が見事な太いアカマツが見え、まもなく広場に出る。かしき谷園地である。モミやコナラが混じる、割と明るい林の下にベンチがあり、五月下旬頃～六月にはヤマボウシの（白い四枚の十文字に並んだ総包片が花に見える）花も見られる。

鳥の声に耳を澄ませると、コナラの林の中に動くものが見える。ベンチに座ったまま望遠鏡を取り出して、バードウォッチングといこう。

その先で分岐に出る。大正十三年に植えられたカツラの林を通って左へ行こう。ほどなく次の分岐で、5号路の広い坂道を少し登れば1号路と出合い、山頂だ。

4号路

新雪を踏みしめる、樹々の雪が落ちる。
振り返れば、そこは別世界

浄心門から右へ入ると北斜面にはイヌブナ、ブナなどの自然林が広がっている。その清々しい新緑や秋も深まった頃の褐色の黄葉は特に美しい。ガサガサの木肌をもったアサダ、大きな葉と香りのよい白い大きな花をつけるホオノキ、針葉樹のモミなどが目をひく。夏の渡り鳥も多く見られる。道はおおむね、平坦で歩きやすい。

吊り橋の『みやま橋』を渡るとそこから先は上りがややきつくなる。若葉と白い花が美しいミズキ、秋に鮮やかな橙色の実を鈴なりにつけるイイギリなどを見ながら登っていくとベンチがある。今度はモミやカヤが、やや暗い林を作っている。『いろはの森コース』と交差し、北斜面の道を辿っていくと小仏城山や景信山がモミの尾根の向こうに見えてくる。

最後に少し登って1号路に出れば山頂だ。

111　　4号路

白銀に輝く別世界

4号路に入るとその北斜面にはイヌブナ、ブナなどの自然林が広がっている。このコースは雪の降った後に真っ先に行きたい所のひとつだ。もちろん東京の雪は年々少なくなっているようで、一年に二回位しか機会はない。最高なのは土曜日の夜あたりから降り始め、日曜の午前中になって止み、陽が射してくるという筋書きだ。そうすると『人は少なく、雪は多い』という理想的な冬の高尾山が創られる。そんな時は犬の様に喜び勇んで高尾山口へ駆けつけて、リフトに乗り、一気に4号路へと向かう。「ああ、別世界が広がっている！」。キラキラと光る白銀はイヌブナなどの繊細な枝枝をことごとく飾り、ここが大都市東京の一角であることなどウソのようだ。スポッ。ズボッ。サクッ。ザクッ。新雪を踏みしめるのがまた気持ちよい。空気は澄み、鳥たちはすでに食べ物を探して枝を飛び渡っている。どこかで、ドサドサドサッと雪が落ちる。足を止めて振り向く。その瞬間冷たいものが首筋に落ちてきて跳び上がる。

東京の雪は水っぽくて、重い。高尾山でもたくさんの木が雪の重みに耐えきれず、無惨にも幹が折れたり、根こそぎ倒れて枯れてしまったことがある。

たまに目についた木々の雪降ろしを手伝う(というほどでもないが)こともある。雪の重みで地面に垂れ下がった枝の先を持って、ゆっくりと引っぱってから勢いよく放すのだ。すると、その反動で雪が払い除けられる。どうしても木の横に回れず、木の下でそれをやったらどうなるか、わかっていても、やってしまうこともある。見過ごせないこともあるのだ(年一回ぐらいだからできるのかも)。

吊り橋の『みやま橋』を渡る手前からは尾根筋のモミが雪を抱いて凛と立っているのが見え、こちらも元気が出てくるのだった。雪の日でなくてもこの道は、右手が開けているためか、その谷の広葉樹林を見下ろしながら行くためか、何か清々とした気分になれるところだ。

橋を渡ると初めてややきつい上りになるが、ここでもホオノキの大きい葉やイイギリの橙色の実が落ちているのを確認(?)しながらゆっくり登ることにしている。私の貧弱な体力では上り坂はゆっくりくり登るに限るのだ。すると大きな木の根元のキノコ、ミズキのきれいな落葉、小さな虫達の世界に気づいたりもできる。

うまいよな～

啄木鳥（キッツキ）についての解説板がある。『キッツキ』という名の鳥はいなくてコゲラ、アカゲラ、アオゲラなどの総称であることを、高尾山に来るようになって初めて知った筆者がよく目にするのは白黒の縞々のコゲラだ。山道で何かの拍子に足を止めると、どこからか無線技士が打電しているような「トントトトトトト……」というソフトな音が聞こえてくることがある。コゲラが木の幹を螺旋状に上下しながらつついている音なのであった。何となくユーモラスな鳥で、尾は短くて、三本目の足のように身体を支えている。ロッククライマーのごとく、幹に平行に止まっているのだが岩壁登りの人間と違うところは命綱無しで、しかもその動きが素早いことだ。その移動の仕方を（コゲラにしてみれば当たり前なのに）わたしは「うまいよな～」と感心して、首が痛くなるまで見ているのだった。

登りきるとベンチがあるのでひと息入れる。モミの林の下で暗いが、それだけに夏は涼しい。道標に従って、山頂の方へ進もう。『いろはの森コース』と交差する。

緩い上り下りがあるが静かな道で、明るい緑のイヌブナやケヤキが濃い緑のモミと混ざってまた美しい。

左の斜面にはアオキやミヤマシキミが通年、青い葉を茂らせている。両者とも赤い実をつける。アオキの花は目立たないが、雄花も雌花も先が尖った四枚の赤紫の花弁をもち、雄花は黄色い雄しべも四つあり、近くで見るとなかなかオシャレだ。

モミがズラッと並んだ尾根が見えて、その向こうに小仏城山や景信山が見える。やがて最後の上りから山頂の手前で1号路と出合う。

5号路

描きたいものが、どんどんたまっていく。
自然の締め切りってキビシイ

山頂・大見晴台を取り巻く5号路も単独ではなく他のコースと併せて利用されることが多いが、縦走せずに帰る時などにひと回りしてみると意外と発見がある。○・九キロの平坦な道である。

1号路から山頂手前の階段を登らずに右へ折れる。アブラチャンの何本にも枝分かれした滑らかな幹、早春の小さな黄色い花。ベンチの横に背の高い木が数本立っているが、その色黒の縦のひび割れはクヌギの幹だ。その先には伊豆韮山代官江川太郎左衛門によって植林されたという通称『江川杉』林がある。

城山方面への分岐を過ぎ、ヒノキの薄暗い林に入って、湧水施設を足下に見て通るといつの間にかカエデ類やミズキ、コナラなどの明るい林となる。『稲荷山コース』を横断して、右に6号路、前方に3号路を分け、カシワやコナラを見上げながら広い道を登れば出発点に戻ってくる。

わたしの好きな

有名な『江川杉』へ行く途中にあるクヌギの生えた広場は好きな場所だ。冬の日に黒々としたゴツゴツの幹を高く伸ばしたクヌギの一団は、冷たい青い空にシルエットとなってなかなか素敵な絵を見せてくれる。

大柄な葉のカジカエデの紅葉も美しい。カジカエデには葉が三つに裂けるものと五つに裂けるものがあり1号路からの入口付近の木は三つ、『江川杉』の奥の木は五つに切れ込んでいる。

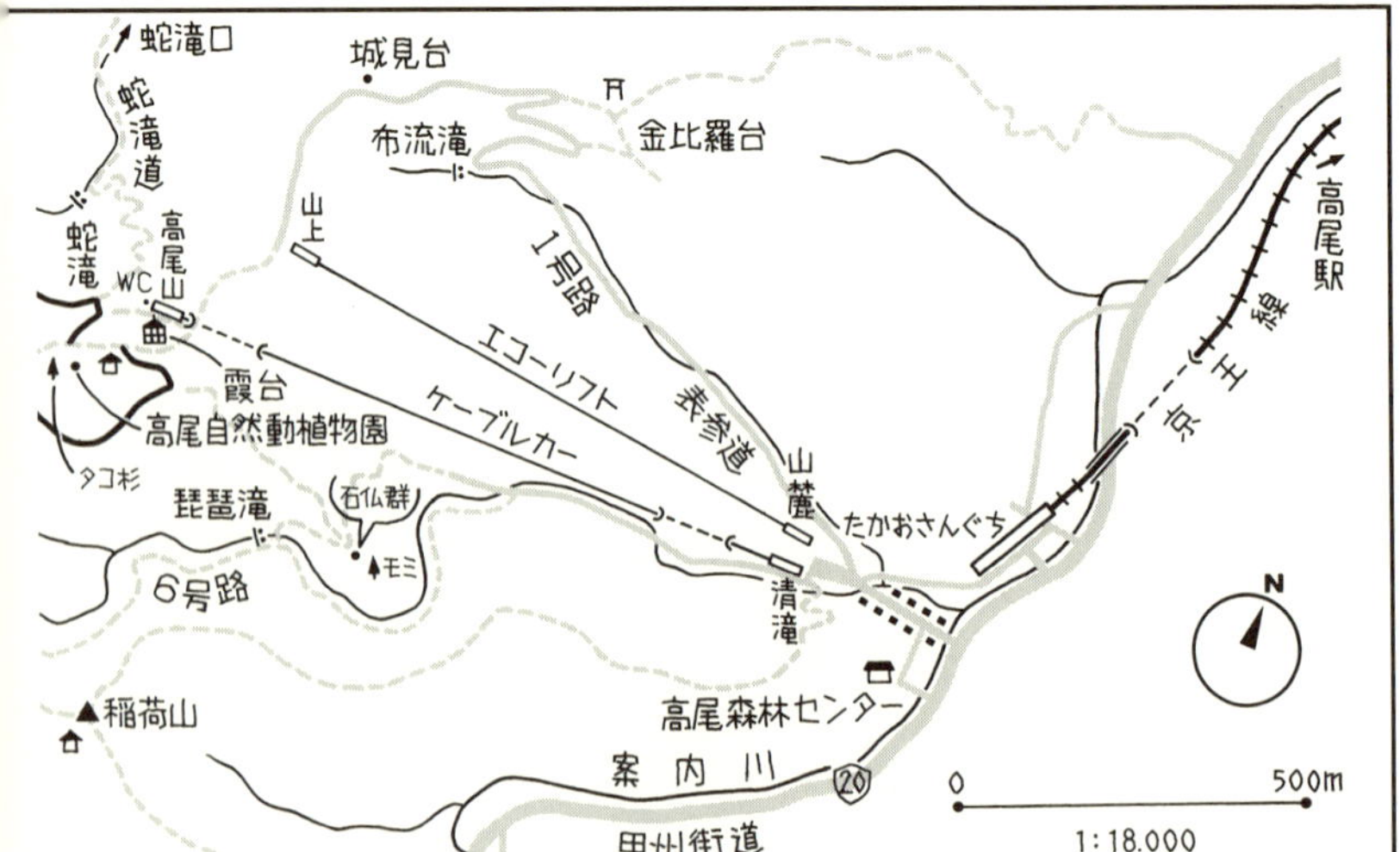

十二月頃には茎から吸い上げられた水が寒さで凍結し、茎の割れ目から外に飛び出して凍った現象が美しいシモバシラも見られる。十月頃には穂状に白い花をつけるが、こちらもレースを思わせる繊細な美しさがある。

香りのよいヒノキの道も待っているし、木の橋を渡る辺りはカエデ類をはじめとしてダンコウバイやカラスザンショウなど色々な樹木の紅葉が楽しめ、コースとしては一キロに満たない短いものだが結構見どころがある。

クイズ形式の解説板もあり、家族連れなら皆で挑戦するのも楽しいだろう。答はビジターセンターにある。

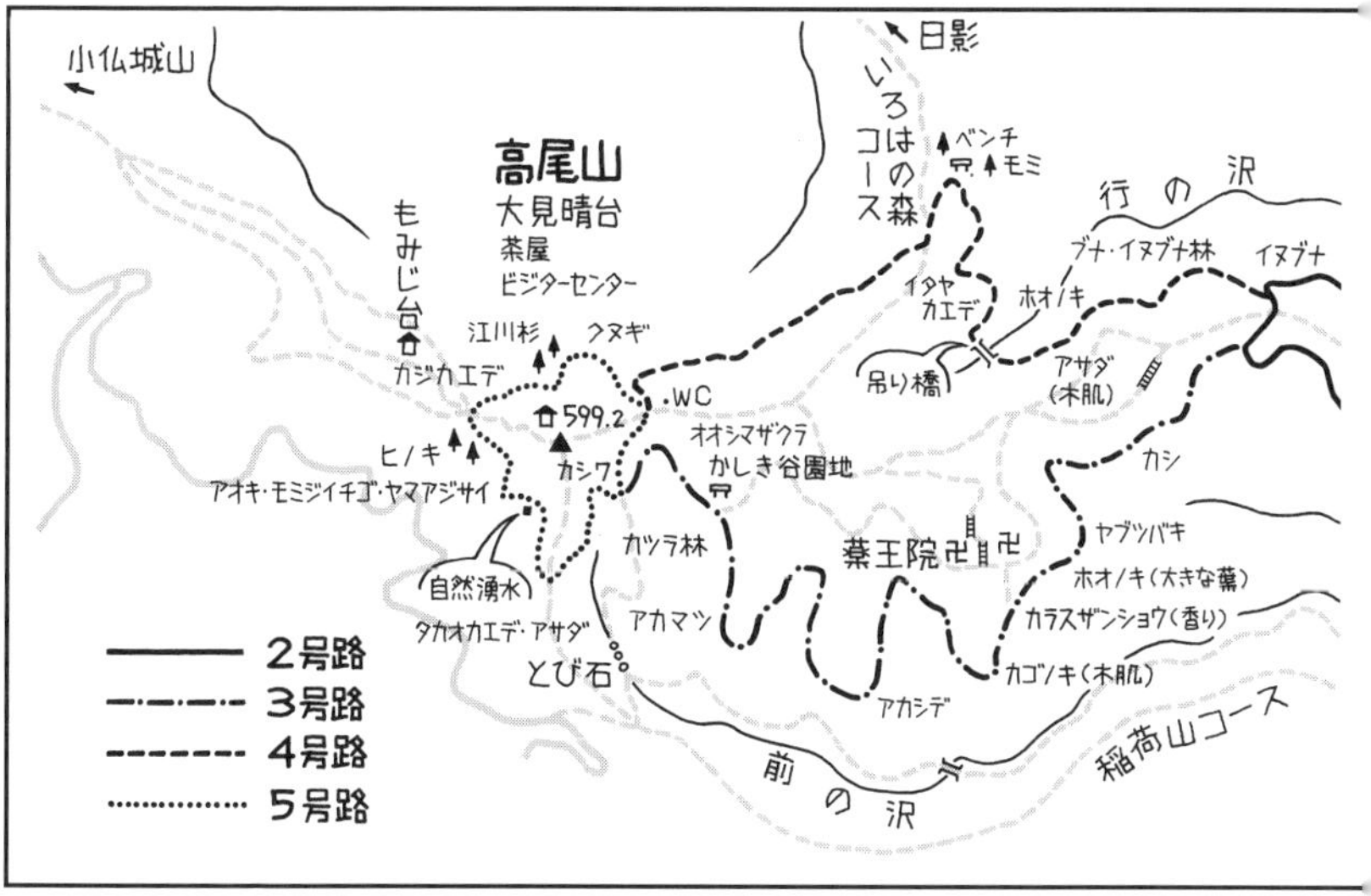

旧甲州街道

高尾山でリスに会えたら、
うれしくって、その日いちんち、にんまり

高尾駅北口より小仏行きバスにて終点下車。バスで来た緩やかな坂道を小仏川に沿って下って戻る。狭い谷に人家が並び、川沿いに梅の木がぽつりぽつり植えられている。JRのガードをくぐり、日影沢林道の入口を右側に見て大きく左へ曲がる。

カツラ人工林が芽吹きの頃、黄葉の頃と目を楽しませてくれる。マス釣り場から尾根を見上げれば、春はモミやスギの濃い緑とサクラのピンクの対比が美しい。

花木も賑やかな沿道の家々や緑を背にした畑や農家の懐かしい風景。庭先販売の農家もある。

梅林遊歩道に入るとヒノキやスギの植林の緑を小仏川を間近に見ながら進む。高尾梅郷を経て、再びヒノキの林を通り、オニグルミが生えた駒木野公園を通り抜け、春のサクラや秋の彼岸花が美しい川沿いの道から（現）甲州街道に出る。

121　旧甲州街道

夏は飛び込みたい

小仏バス停（終点）からバスで来た道を戻るのだが、まず少し先へ進んで宝珠寺の都天然記念物に指定された大きなカゴノキやひっそりとした不動の滝など拝んでいこう。

バス停に戻り、小仏川に沿った旧甲州街道を下っていく。線路の向こうには山の斜面が見え、随分田舎に来たような感覚になる。スギやヒノキの植林もあるが、コナラやクヌギやミズキなどの広葉樹も多く、早春は薄茶色や灰

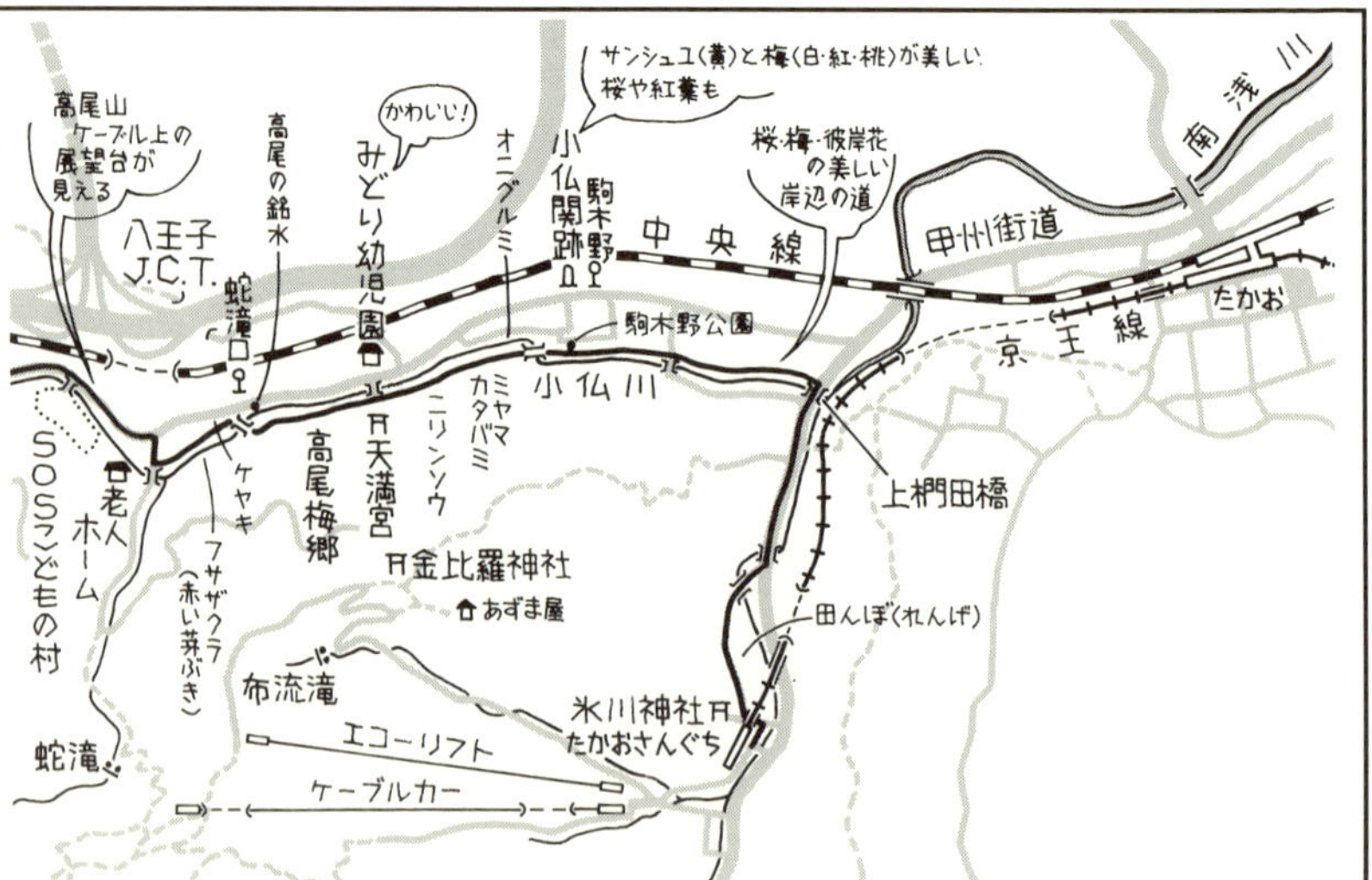

色の林の中、ところどころにレモン色のキブシの花や、アブラチャンやダンコウバイの黄色い花が咲いて、新緑を待っている。フサザクラの雄しべと雌しべだけの花も葉の出る前の木を赤く飾る。

　五月から六月にかけて川岸にはウツギの白い花がこぼれるように咲いている。カラスアゲハやモンキアゲハ、コミスジなどの蝶が飛んでいく。

　小下沢林道が左前方に上っている。JRのレンガ造りのガードをくぐった辺りは昼間でもほの暗く、涼しい風が吹いている。フサザクラが水面に枝を投げかけていたり、少し深くなった川

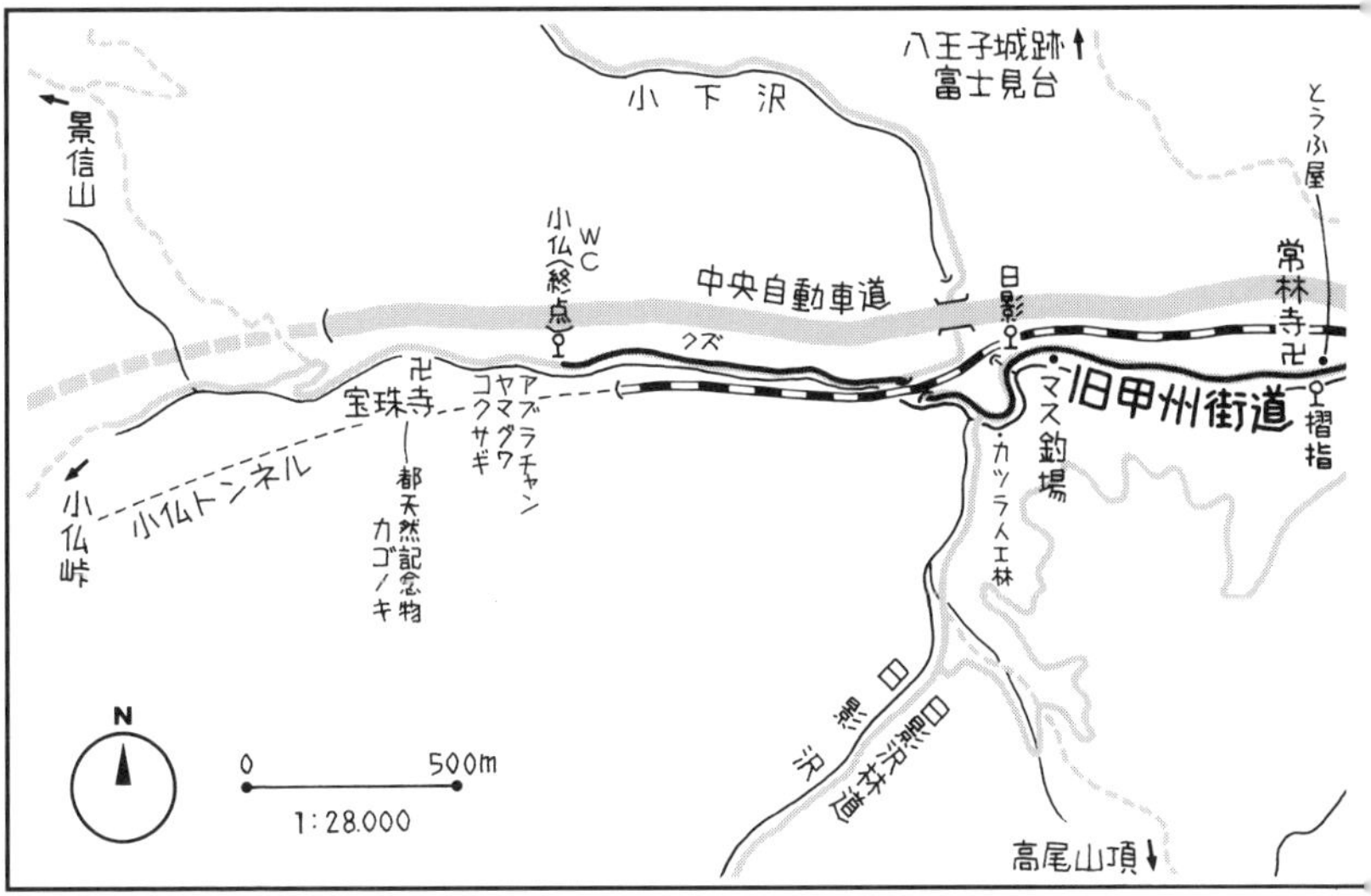

の水が、夏は飛び込みたい気持ちをそそって困るのだが、幸い（？）ガードレールの下には降りられないので、飛び込むには到っていない。次のカーブで日影沢林道を右に分ける。林道の奥からは『いろはの森コース』が高尾山山頂へ、さらに奥からは城山への道が続いている。

梅林——紅白の薄絹

日影沢林道の入り口の向かい側、小高くなった斜面には高尾の自然を愛する人たちがワークショップ形式で作ったツリーハウスがある。週末などにはイベントがあったりオーガニック・カフェが開いていたりする（私有地なので普段の見学には連絡が必要）。マス釣り場を通り越すと珈琲豆のお店があり店内で飲むこともできる。

摺指（するさし）という珍しい地名があり、バス停の脇に地下水で豆腐を作っているお豆腐屋さんがある。この辺には他に店はないのだが、週末や祝日などには庭先で野菜や加工品を売っている家も数軒ある。わたしはたまに地粉を買って、（普通はお饅頭や、うどんに使うらしいが）自家製のパンを焼いている。都内からわざわざ買いに来るファンもいると聞いた。野菜だって無農薬でおいしいのだ。そら豆が、袋にいっぱい入って二百円なんていったら、つい手が出てしまう。

「蛇滝道」の石標で右に曲がると右手に老人ホームがあり、左手に遊歩道入り口がある。遊歩道に入らずそのまま進めば高尾山の蛇滝コースの登りが十一丁目まで続いている。遊歩道に入ってすぐの小仏川の川辺にはスギやヒノキの林の縁にイロハモミジが数本生えていて、川面に垂れた枝の紅葉が美しい。その先にあった梅林は圏央道のジャンクション工事でなくなってしまった。川の縁の細い遊歩道をたどっていく。

まもなく橋を渡り、薄暗いヒノキやスギの林下を行く。人家の前に出るがそのまま突っ切って行くと梅林になる。この辺りはシジュウカラやウグイス、メジロなどの小鳥が梅の枝を飛び渡っているので、こちらも少し足を止めてじっとしていると彼等に会えるチャンスは多い。一度だけだが鳥ではなくて、リスが枝を駆け上っていったのを見ることができた。右の方へ登っていく道をたどると高尾天満宮の小さなお宮がある。春はその奥の方にウワミズザクラの木が白い小花をブラシのようにたくさんつけて風にそよいでいるのが見える。

川沿いの遊歩道は梅郷橋を渡らずヒノキやスギの暗い林に入っていく。この橋を渡って旧甲州街道を右へ行けば、数年前までは浅川小学校の分校だったが今は「みどり幼児園」となったかわいらしい建物がある。

やがて明るいコナラなどの林になる。早春はニリンソウなどが咲き、カメラを持った人たちをよく見かける。再びヒノキの下の道になるがツタウルシやヤマフジのつるが絡まっている。三枚の葉が目印の前者は触るとかぶれるので注意したい。しかし、紅葉は美しく、黄色が混じった明るい赤い葉がよく地面に落ちている。

リスにもカワセミにも会える

オニグルミの大きな木が生えた辺りではリスに出会えるかも知れない。きれいに二つに割られたクルミの殻が落ちている。初夏にはハナウドが人間の背丈よりも伸びて、白いレースのような花を咲かせる。運がよければカワセミにも会える。

駒木野公園を突っ切ると、また細い道が続いている。春はサクラの下にヤブカンゾウが橙色の花を、秋はヒガンバナが紅色の花を咲かせて川岸を飾る。近年、護岸工事が行われて、木が伐られたり、緑が減ってしまい残念だ。

上椚田橋から甲州街道を右折して、次の橋の先から右前方の狭い路地に入る。細い道を登っていくと左下に田んぼが見える。レンゲソウの頃や金色の稲穂が垂れる頃は楽しみだ。初夏にはイワツバメが飛び交う。

京王線の鉄橋の向こうには金比羅山から延びてきた南高尾の尾根が続いているのが見える。新緑、紅葉の頃は特に美しい。

高尾山口駅に曲がる手前の氷川神社も、木造の鳥居と社がしっとりとした風情のあるお宮だ。

眠れる森のカモ

1月の寒い日、
小仏川の岩の上。
よくあんな所で
眠れるなー…と
しばらく見ていま
したが、よく見ようと
スコープでのぞいたら、目がパチリ。こちらを見ていました。
ごめんよ〜、おジャマしました〜、とその場から去るわたくし。
みかん色の足は水の中。カゼ、引かない…んだろうな。

南高尾山稜

斜面に段がつけられ、下草が刈られている。
だれだか知らないけど、ありがとう

高尾山口駅から相模湖行きのバスで大垂水下車。ヒノキやスギの植林を見下ろしながら細い山道を登っていく。

クマザサの生えた斜面からアカマツの生えた尾根に辿り着くとほどなく大洞山山頂がある。コナラや落葉広葉樹の林の中を上り下り、中沢山に到る。

少し先のベンチのある見晴台からは津久井湖、丹沢山塊が望め、眼下には家々や畑のパッチワークが広がっている。

右足下は針葉樹の植林、左上斜面に雑木林を見ながら行き、明るい若木の茂る斜面や暗い森、そしてまき道もある雑木の中を進むと広場となった三沢峠に着く。峠からは急な階段の上り下りで草戸山へ。

城山湖を眺めたら雑木林や植林の中の上り下りを繰り返し、ヤマツツジが多くなってくると最後の分岐は近い。道標が立った分岐を高尾山口へ下る。

南高尾山稜

1号路
金比羅台
高尾山
山上
表参道
エコーリフト
ケーブルカー
2号路
山麓
清滝
稲荷山
高尾森林センター
たかおさんぐち
京王線
中央線
たかお
金比羅山 256
浅川小
浅川中
初沢山 293.8
初沢川
枝幹のケヤキ
ホオノキ
アオキ
倒木あり
道標
ヒノキ
スギ
竹
コナラ
カシ
ヤマツツジ
ヒサカキ
サクラ
拓殖大学
登り下りをくり返すが
ほとんどコナラ主体の
明るい林
梅の木平
山下
榎窪川
関東ふれあいの道
福寿園
スギ・ヒノキ林
ハリギリ
ややわかりにくい
ロープ
拓殖大のフェンス沿い
草戸峠
分岐注意
館ケ丘団地
町田街道
大地沢青少年センター
草戸山 365
松見平休憩所
ベンチ・テーブル
コナラ・モミ
城山湖
本沢ダム
牡龍籠山
青少年センター入口
境川
大戸
N
0
500m
1:28,000

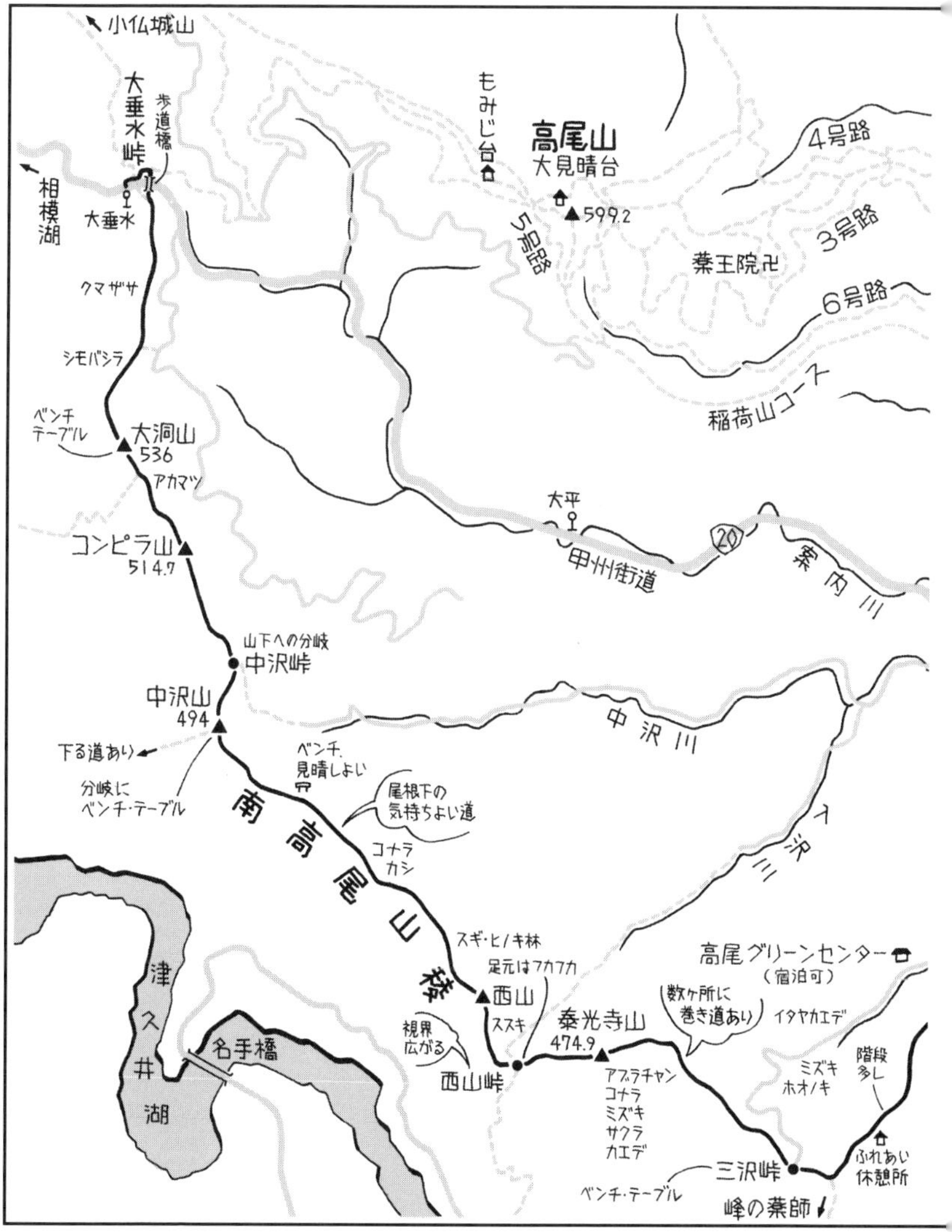
小仏城山
大垂水峠
歩道橋
相模湖
大垂水
クマザサ
シモバシラ
ベンチ
テーブル
大洞山
536
アカマツ
コンピラ山
514.7
山下への分岐
中沢峠
中沢山
494
下る道あり
分岐に
ベンチ・テーブル
ベンチ、
見晴しよい
尾根下の
気持ちよい道
南高尾山稜
コナラ
カシ
スギ・ヒノキ林
足元はフカフカ
西山
ススキ
視界
広がる
西山峠
秦光寺山
474.9
アブラチャン
コナラ
ミズキ
サクラ
カエデ
三沢峠
ベンチ・テーブル
峰の薬師
津久井湖
名手橋
もみじ台
高尾山
大見晴台
599.2
5号路
4号路
3号路
薬王院
6号路
稲荷山コース
大平
20
甲州街道
案内川
中沢川
入沢
三
高尾グリーンセンター
（宿泊可）
数ヶ所に
巻き道あり
イタヤカエデ
ミズキ
ホオノキ
階段
多し
ふれあい
休憩所

黄色のパッチワーク

大垂水バス停を降り国道二十号を渡る（渡らなくてもよいのだが歩道が狭いのでやや危ない）。少し戻って歩道橋を渡るとすぐ山道になり、細い道をずんずん登っていく。コゴメウツギやタマアジサイなどの低木の枝を時々払いながら、ヒノキやスギの植林を見下ろして登っていく。クマザサも枯れた冬、やや急な斜面をカサカサと登っていくと、朝日に光る氷柱を立てたシモバシラに出会えるかも知れない。

尾根沿いには赤茶色の幹を優雅に伸ばしたアカマツが目立つ。ベンチがあり、ひと休みして尾根を進むとすぐにまたテーブルやベンチがある。ここが大洞山（おおぼらやま）だ。次のピークのコンピラ山はいつの間にか過ぎてしまうほどさりげなく、気持ちのよい尾根歩きである。山下バス停へ下る道を左に分け、その先には右へ津久井湖へ下る道と、左へ中沢山のピークへの短い上りとの分岐がある。中沢山のこじんまりした山頂には聖観世音菩薩像が安置されている。

ヒノキやスギ、コナラやカシの林を抜けると、パッと展望が開ける。ベンチが並んでいる眼下には、こんもりとした緑の木々の間を相模川（津久井湖）がゆったり流れている。近景の住宅地や畑が様々な緑色や茶色、黄色のパッチワークを見せていて、実りの秋、その色合いは一段と美しくなる。その向こうには石老山や近隣の山々が見え、丹沢の山並みも後ろに控えていてる。

西山峠に出る辺りは伐採地の跡に灌木やヌルデやミズキの若木が茂っているが明るい。ヒノキの林に入ると暗い足元には、ヒノキの根が張り、歩くと積もった葉の香りがして絨毯のような感触だ。右へ津久井湖、左へ山下へそれぞれ下る道を分け、アカマツ混じりのヒノキの林を登っていく。

泰光寺山を巻く道もあり、南に付けられた巻き道は明るく、丹沢や津久井湖も木の間から見えるので利用するのもよい。カシ、ホオノキ、サクラ、イタヤカエデなどが若いスギに混じり、足元には冬に紅の実がかわいらしいヤブコウジが群生している。この後も数カ所巻き道が現れるので体力と気分で選択しよう。どちらにしても気持ちのよい、おおむね歩きやすい道だ。

広場に出るとそこが三沢峠で、案内板やテーブルが設置されている。この分岐から梅の木平に出る林道と、草戸山を経て高尾山口へ到る道、そして城山湖方面への山道がある。真ん中の道を緩く登っていく。すぐに峰の薬師への道を分け、ふれあい休憩所を通り越す。上り下りが割と急であるが、近年、階段がつけられ、少し楽になった。以前はお尻で滑り降りたものだった。

雑木林にヤマツツジ

草戸山はその標高から『一年山』という別名もあるが、マツが生えた斜面の上に立派な造りの休憩所がある。右手には城山湖へ下る道もある。ぬかるみやすい道を進むと、草戸峠があり、ここでも右手に下る道を分ける。ロープが付けられた下り坂となり、大きなモミの立っているところでまた道が分かれている。左は梅の木平へ下る細道だが、右手の拓殖大学のフェンスの方へ曲がる。再び分岐があるが今度はまっすぐ進む。右は拓大方面。

モミやハリギリなどが点在するコナラ中心の雑木林を行けば送電塔があり、その右の細道を進む。オリエンテーリングの『J』のポストを左に見て、ヒノキの林を行く。途中、数カ所に踏み跡があるが迷い込まないようにしたい。

コナラ林にアカマツや竹林も見える。ヤマツツジが道沿いに生えていて四月から五月頃、その朱色の花が鮮やかな新緑に映えて疲れを癒してくれるようだ。

雑木林の中の上り下りを繰り返し、最後の分岐、ケヤキが生えた四辻に降りてくる。道標があるので迷うことはない。左折し、スギやヒノキの間にホオノキやミズキ、カエデ類などの生える谷を左手に見ながら、下っていく。人家の脇の細い道になるので右または左に曲がっていけば国道二十号に出る。

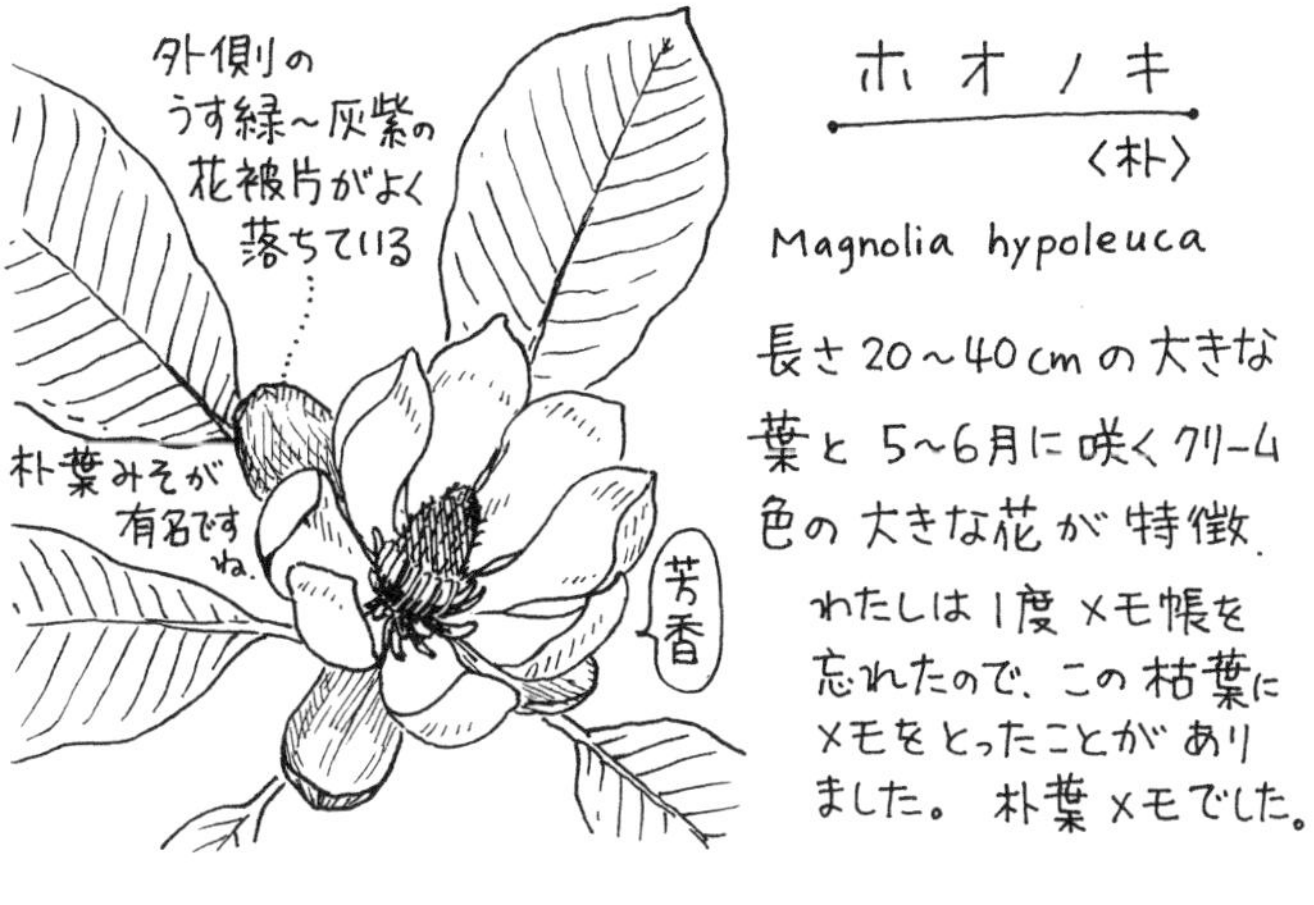
外側の
うす緑～灰紫の
花被片がよく
落ちている
朴葉みそが
有名ですね。
芳香
ホオノキ
〈朴〉
Magnolia hypoleuca
長さ20～40cmの大きな
葉と5～6月に咲くクリーム
色の大きな花が特徴.
わたしは1度メモ帳を
忘れたので、この枯葉に
メモをとったことがあり
ました。朴葉メモでした。

高尾山頂より縦走

下で見たことあるね。近くに住んでんの？／ええ。
地元だねぇ。そんじゃまけとこうねぇ〜

高尾山頂・大見晴台からその名の通り紅葉が美しいもみじ台を経て一丁平へ。尾根づたいにヤマザクラやソメイヨシノ、アカマツが生えており、サクラの花の頃は見事だ。所々で階段状になった道は巻き道もある。一丁平にはあずまやとトイレ、見晴し台があり、丹沢方面の眺望がよい。

広い城山山頂からは松の木の向こうに相模湖が光り、富士山が見える。パラボラアンテナを後にして、ヒノキやスギの暗い林を抜け、ベンチがある広場を過ぎるとその下は小仏峠だ。相模湖方面の底沢へ下る道、裏高尾方面の小仏へ下る道などもある。

相模湖を望みながら尾根を行き、見晴しのよい景信山に到る。ここからの下りは最初がやや急だがヒノキの植林を抜けると雑木林となり、鳥たちが賑やかだ。最後は岩が多い曲がりくねりの道から道路に出て小仏バス停に到る。

千本桜とハンサムなヒノキ林

大見晴から階段を下りていき、また少し登れば、ほどなくもみじ台だ。イロハモミジの下には茶店もある。南高尾山稜やその向こうに丹沢の山並が美しい。

尾根にはサクラ（ヤマザクラやソメイヨシノ）がずっと植えられていて千本桜といわれている。春にはうっすらとサクラの花霞が尾根を飾って延々と続くのは見ものである。このサクラの花を見に来る人は多いが、秋、黄色や赤や紫などに色づいた紅葉や、灰色や灰緑色の地衣類や苔類を飾ったザラザラした幹も渋い美しさがある。

道の両側に巻き道があり、どの道を行くか迷うこともある。北の道は春はミツバツツジが咲き誇り、捨てがたい。クサイチゴやスミレの花を見ながら、陽当たりのよい、そして時には展望も開ける南の道を行くのも悪くない。

左へ大垂水峠への分岐を通り越す。まもなく送電塔が立っていて、その先にあずまやトイレが見え、一丁平に着く。スッとした黒っぽく見える幹がなかなかハンサムな

関場峠
明王峠・陣馬山
0
500m
1:33,000
N
野草天ぷら
見晴しよい
景信山
727.1
茶屋・WC
ザリクボ
アカマツ
気持ちよい
尾根道。
相模湖が見える
ヤマザクラ
コナラ・モミ
スギ・ヒノキ
スギ
ヒノキ
ダンコウバイ
アブラチャン
小下沢林道
小下沢
モミジイチゴ
アオキ
ヤマグワ
車道に出る
小仏〈終点〉
スギ・ヒノキ
ケヤキ
キリ
アブラチャン
中央自動車道
梅
卍宝珠寺
小仏峠
中央線
日影
高尾駅
底沢
スギ
ヒノキ
広い山頂
小仏城山
なめこ汁
茶屋・WC
670.3
日影沢
日影沢林道
相模湖
東海自然歩道
アカマツ
ヤマザクラ
一丁平
あずま屋・WC
いろはの森
ヤマザクラ
巻き道あり
もみじ台
茶屋
高尾山
茶屋
大見晴台
ビジターセンター
スギ
ヒノキ
歩道橋
相模湖
学習の歩道
599.2
薬王院卍
大垂水峠
甲州街道
20
高尾山口駅

ヒノキ林。黒と白の世界。雪が積もった時のこの林の美しさは忘れられない。

マツの根元にはクマザサが茂り、これで狐がいたらまさに日本画の世界だ(残念なことに、以前はこの付近で目撃された狐も、ここ数年来姿を見せていないようだ)。

城山山頂は広く、サクラもきれいで展望もよい。茶店ではおでんや醬油仕立てのなめこ汁などを出している。後者はおいしいのだがなかなか冷めない。すでに何回か舌を火傷した猫舌のわたしにとっては、おあずけ時間が長いので自制心が必要となる。

風渡る小仏峠でひと休み

パラボラアンテナを後にし、ヒノキやスギの植林の中へ入って行く。光が遮られた林の中は落葉が絨毯のように敷かれて足音さえも耳から遮られているようだ。緩い下りの道が少し明るくなってきて、コナラやケヤキなどの広葉樹が多くなるとまもなくベンチが置かれた広場に出る。西側の展望もよく、カエデやモミなどが生えていて、静かな場所だ。ただし、小仏峠は目と鼻の先なのでどちらで止まるか悩むところだ。

急な坂を下ると小仏峠で左に底沢方面へ旧甲州街道が下っている。茶店が二軒あったが、今はその建物だけが残っていて、歳月を感じさせる。それでも木々を渡る風の向こうに「ちょっと、お茶飲んで行きんさいよ」というおばさんの声が聞こえてきそうだ。そしてまたいつか、新しい声が聞こえる日が来るかもしれない。

もっと昔、旧甲州街道沿いに宿場もあって今よりもずっと賑わっていたそうだからこういうところでも人間の時間と自然の時間の尺度の違いを改めて感じる。目の前の太いケヤキにも双葉からようやく本葉がのぞいていた日もあったわけだ。

近隣の山並の展望を楽しみながら、また、

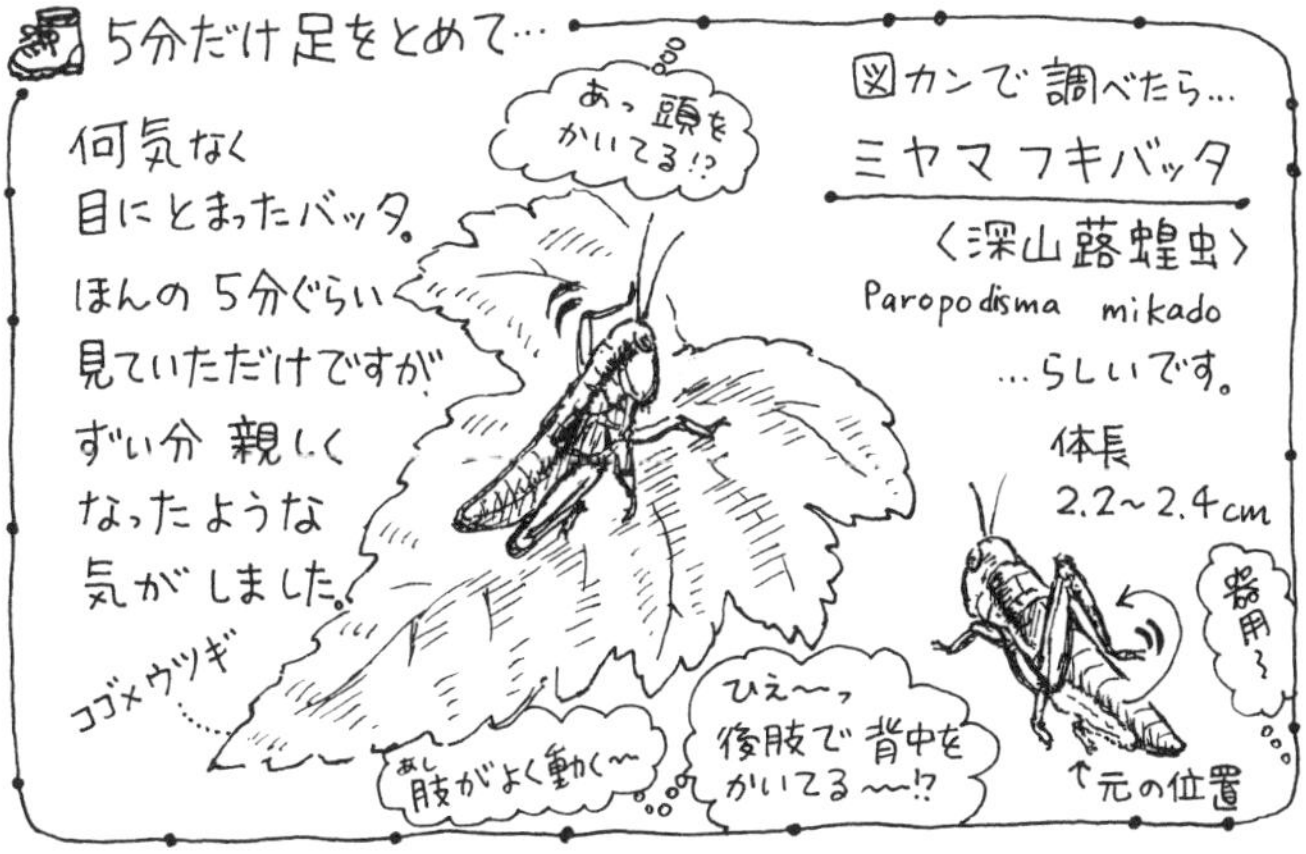
5分だけ足をとめて…
何気なく
目にとまったバッタ。
ほんの5分ぐらい
見ていただけですが
ずい分 親しく
なったような
気がしました。
あっ頭を
かいてる!?
図カンで調べたら…
ミヤマフキバッタ
〈深山蕗蝗虫〉
Paropodisma mikado
…らしいです。
体長
2.2~2.4cm
器用~
コゴメウツギ
肢《あし》がよく動く~
ひえ~っ
後肢で 背中を
かいてる~!?
↑元の位置

新緑の下で流れる雲を見上げながら、あるいは息も白く凍る日にサーモスの熱い珈琲をすすりながら過ごす時間は、ゆったりと流れていく。

小仏バス停へ下る道もあるので、疲れていたらこちらを採ればよい。

鳥の声と中央高速の騒音

景信山へは道標に従って急な階段状の坂を登っていく。五月のある日、近くでハルゼミがギーギーギーと鳴き出した。振り返ると、石老山、その背後に丹沢、西には道志の山々が見える。そして富士山も中空に浮かんだように見えている。

緩い下りから右手に視界が開け、八王子城跡の辺りが見渡せる。この付近では五月上旬頃、ミズキの白い花にフジが薄紫の花を垂らし、派手ではないが、ちょっとした花見ができる。初夏の林は鳥たちの声がひっきりなしに響いている。

分岐で道標に従ってつづら折りの坂道を登ると景信山だ。高尾山や城山が目前に見え、展望がよい。二軒の茶店があり、サクラの木陰に竹で作ったベンチや木のテーブルがたくさん並んでいる。週末には野草の天ぷらや、酒まんじゅうなども並ぶ。

たっぷり休んだらアカマツが根を張るやや急な坂を下り、その先で左に小下沢のザリクボへの道を分ける。暗いヒノキの林の中にぽつんと置いてあるベンチ、「こんなところで休みたいと思うかな〜」などと考えていると、突然、鳥の声。「え、アオバズクかしら」と思わずそのベンチに腰を降ろし、辺りを見回す。「そうか、こんなとき、このベンチを使うわけ」と、独りで勝手に納得する筆者であった。

岩を水流が浸食したような窪んだ道は、ちょっとよそ見をするとズルッといくので気をつけたい。コナラやヤマザクラなどの落葉広葉樹が多くなるがそれでも薄暗い。右前方の谷から無数の鳥たちの声が聞こえてくる。反対側の谷からは中央高速の空爆音のような騒音が聞こえてくる。現在の圏央道問題以前に、すでに高尾山の周りは自然環境が悪化していることを思い知らされる。鳥の声がする谷と、車の騒音、排気ガスの漂う谷とどちらへ向かいたいだろう。

岩がごつごつした細い道から旧甲州街道に出るので、左へ下って行けば十分足らずで小仏バス停だ。道路脇にニセアカシヤやキリが生えている。五月頃ならどちらも香りの良い花なので鼻も活用してみたい。

八王子城跡

ちょっと疲れていても、思い切って山に行く。
いつのまにか、ホントに元気になってくる

高尾駅北口からバスで霊園前下車。交通量は少ないので畑や山上の神社のたたずまいなどを眺めながら、のんびり歩こう。

途中で右折し小道に入っていくと暗い林の中に八王子城城主北条氏照の墓所がひっそりとある。もとの道に戻り人家もまばらになってくると城跡の案内板と建物が見え、資料も備え付けられている。その先には復元整備された曳橋や御主殿の滝がある。

登山道は新道と旧道に分かれるがまず新道を採る。階段状の道を金子丸へ、その先で細い山道になる。右手から旧道を合わせ、さらにひと登りすれば視界が開け、都心が見える。八王子神社がある山頂はすぐそこだ。ここからカシ類やモミ、スギやヒノキの植林の中を進み、坎井、馬冷やし、大天守を経て富士見台で富士山を拝んでから城山に戻り、帰りは旧道を下ってもよい。

145　八王子城跡

のんびりと歩き始める

高尾駅の北口のバスターミナル1番のりばから出るバスなら「宝生寺団地行」などどれに乗ってもよい。本数も多い。またバスの車窓から左に見える森林科学園の緑の森も有名な桜はもちろん、カラマツやメタセコイアの新緑や紅葉など、季節ごとに楽しめる。

霊園前バス停からはすぐ先の信号を左に曲がり、車も少ない舗装道を緩く登っていく。近年になって、アパートも増えてきたが、昔ながらの家々のよ

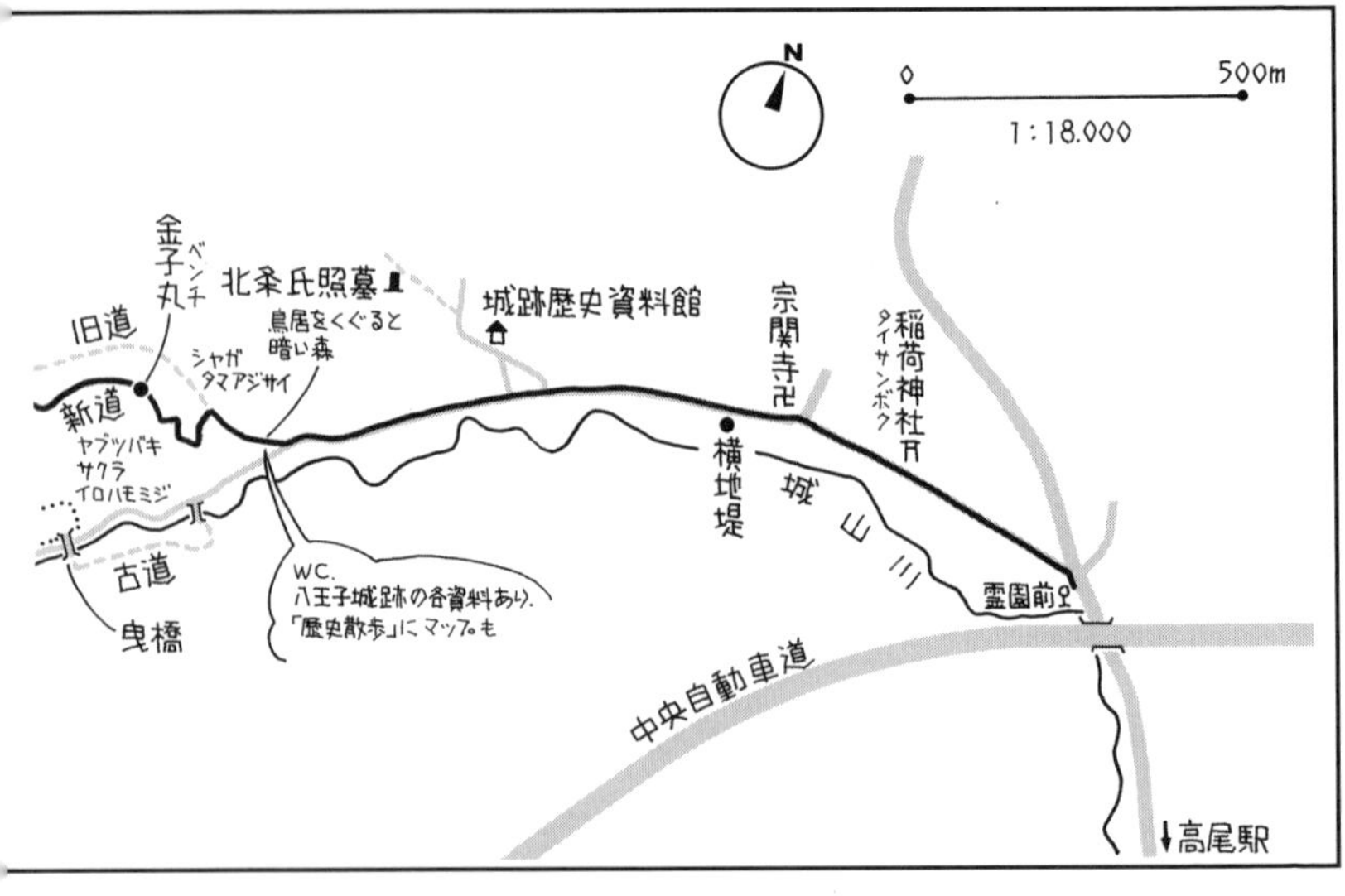

く手入れされた植木のある広い庭や、畑、山の上の神社のたたずまいなど、のどかな落ち着いた雰囲気がする。

八王子城主・北条氏照所縁《ゆかり》の宗関寺はシダレザクラが美しい。中宿バス停前の路地を右へ入ると細道は薄暗い林の中の氏照の墓所へと続いている。

道の右手には家もなくなり広場のようなところがある。竹藪やコナラ、クヌギが小さな林を作っていて、秋は黄色く染まったイチョウと共に風情のあるところを見せている。以前は東京造形大学のキャンパスがあったが、移転した後は校舎も取り壊されて、八王子城よりもずっときれいさっぱりと跡形

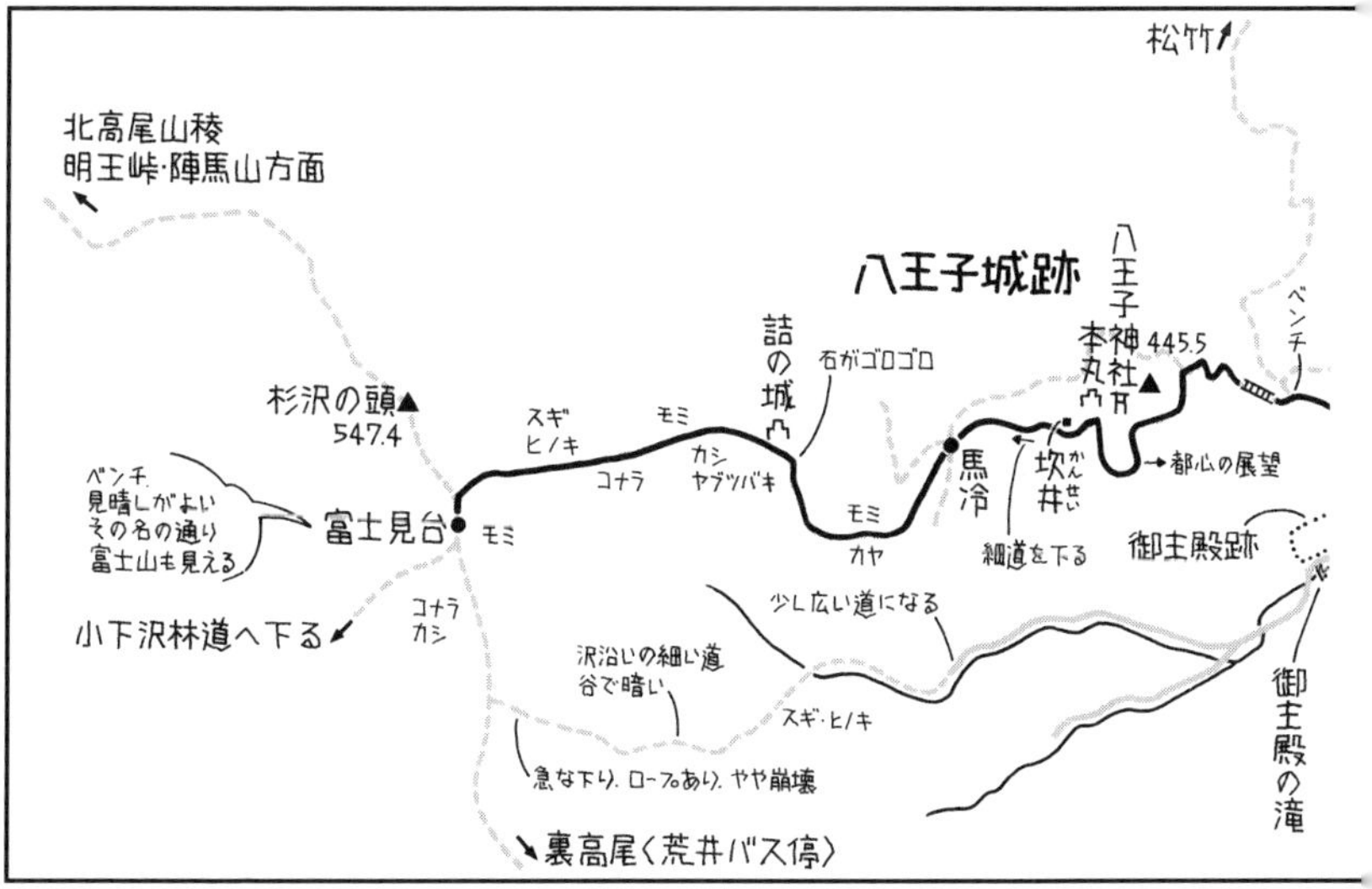

もなくなってしまった（筆者はここのキャンパスに通った一人であるが、あまりにも何も残っていないので寂しいというより狐につままれたような不思議な感じだ）。

道を進んでいくと八王子城跡の案内板やトイレがあり、資料も持ち帰れるように置いてある。そのまま進めば、曳橋《ひきばし》や御主殿の滝があるが、まずは右の鳥居をくぐり、薄暗い森の中へ足を踏み入れることにしよう。

山の静けさの中を進む

すぐに旧道と新道の分岐となるが、まずは左の新道へ。石がゴロゴロしているが段がつけられた坂を登っていく。カエデやヤブツバキが多い。左手には日溜まりの中に梅林があり、シジュウカラやエナガなど小鳥たちが行ったり来たりしている。

金子丸にはベンチが数個並び、ヤブツバキ、サクラ、マツなどが生えた魅力的な休憩地となっている。所々に何合目という古い道標が立つ道は細くなり、アラカシやアカガシなどが冬でも緑の葉を茂らせている。左手には高尾や八王子市街がよく見え、霞んでいるが都心も見える。

右から旧道が上ってきて、ベンチも数個置かれている。左に踏み跡もあるが前方の階段を登ろう。その先でも右に踏み跡があるが、まっすぐ進むと視界が開け、近隣の町並みや都心も望める。

山頂に着くと、立派なスギ木立の向こうに八王子神社のお社が見える。ピクニックテーブルや藤棚もあり、イロハモミジやサクラも見事な木が多い。神社の裏の細道を辿るとひっそりと本丸跡がある。

大天守、富士見台方面へはトイレの近くから細道を下る。坎井（かんせい）があり、水が汲み上げられるようになっていたが、現在は枯れている。圏央道のトンネル工事のせいではないとよいのだが。

右へ進んでカヤやモミの針葉樹にカシ類が混じった林下の道を行こう（左へ『元八方面』と道標があるが、こちらの道はやや崩れ気味だ）。しばらく山の静けさの中を進むと、馬冷（こまびやし）の分岐がある。道標があるので迷うことはないと思うが踏み跡もいくつかあるので気をつけたい。

細い道を登っていく。ヒノキやスギの林だが、コナラやカラスザンショウ、ミズキ、ヤブツバキ、ハリギリ、カシなども見られる。石がゴロゴロした坂を登り切ると『詰めの城』という天主跡に出る。見晴しはあまりよくないがちょっとした広場になっている。

同じ道を戻るのもたまにはよい

薄暗い道をしばらく進み、ヒノキやスギを頭上に見ながら坂を登ると富士見台に出る。西側の展望はよく、景信山や小仏城山の向こうに富士山も見える。西南に明るい雑木林が広がり気持ちのよい尾根だ。すぐ右に小下沢へ下る道を分ける。ここから左の道を少し下っていくと左に御主殿の滝への道もあるが、初心者向きとはいえない。次の分岐から蛇滝口や荒井バス停、その次の分岐から駒木野への道もあるが前者は騒音を聞きながらの暗いトンネル歩きや山に似合わぬ八王子ジャンクションという負の遺産を見る覚悟が要るし、後者は細道の上り下りのくり返しが高速道路脇まで続く。

というわけで、時間と体力のある御仁なら北西の陣馬への道を採るのもよいが、筆者は来た道を戻る。同じ道を戻るのもたまにはよい。反対方向に歩くと、風景も違って見え、行きに見逃したものを発見したりするものだ。

《オプショナルプラン》　城山山頂へ戻ったら旧道を下ってみよう。ベンチのあった分岐から左へ折れるとまもなく、タマアジサイの茂る細道をつづら折りに下っていく。この道はやや単調な印象もあるかも知れないが、石がゴロゴロしていないという点では新道の下りよりは足に負担がかからないはずだ。スギに囲まれた、静かな細道が緩やかに山腹を巻いて、入口の鳥居まで続いている。タマアジサイの咲く頃はよいが、夏草が茂っているのは覚悟しておこう。

最初の一歩

スケッチをしてみたい。（けれど自信がない…）という方にひとつの提案

「どうしたら描けるのですか」という質問をよくされます。「好きなように描けば…」と答えたいのはヤマヤマですが、「そんな〜〜。」といわれそうなので「小さなもの、単純（に見えるよう）なものを描く」というのはいかがでしょう。花ひとつでも、どんぐりでも…。たくさん描いているうちに複雑なものも描けるようになるでしょうからあせらずに…。

金比羅山・初沢山

トンビの飛翔を、心でまねする。
風だ、飛べそうだ!

高尾山口駅から甲州街道を渡り、土産物店の間から山道をどんどん登っていくと金比羅山から続く尾根の鞍部に出る。ヒサカキやモミ、コナラなどの生えた細い尾根道は、スギやヒノキの植林に入ったりしながら緩い上り下りを繰り返す。展望はあまり開けないが木の間から高尾山の薬王院辺りが見える。

三和団地の道路脇に出たらクマザサの中の細道に入り、人家の裏から金刀比羅神社の下に出る。蝶が多く集まる山頂から東に下ると道路に出て数分で御衣(みころも)公園に着く。

御衣霊堂の横の太いスギやケヤキなどが生える森の中を沢に沿って進む。突き当たりで公園の縁の尾根道に出て、ほどなく初沢山に着く。

山頂から高尾天神社に下る雑木林の道は樹木に名札が付けられているので観察にもよい。菅原道真公の銅像の先の階段付近はカエデ類が美しい。

153　金比羅山・初沢山

イノシシだ〜

高尾山口駅から青葉橋を渡り甲州街道に出て、日光屋と大野家（屋）の間を入っていく。右に曲がると竹林が見え、山道が上っている。右側の谷にはスギに混じってカエデやカシ類、ホオノキなどが生え、林下にはアオキやシャガ、シダ類が茂っている。さして急でもないのだが分岐に着く頃には身体が熱くなってくる。

四辻という分岐から右へは峰の薬師方面へ、左の水平道は高尾霊園への道だが、一番左の上りを採る。サクラやモミが生えた斜面からコナラが主体の広葉樹林の尾根となる。常緑のヒサカキも多い。スギやヒノキの植林と広葉樹林を交互に通り抜けていく。多少の上り下りはあるが、おおむねなだらかな道だ。

展望が開けるところはないが、木の間から高尾山の薬王院やケーブルカー駅の辺りが見え隠れする。途中、数カ所に踏み跡もあるが左へ左へ行くようにすればよい。

三和団地（戸建ての住宅地）の縁の道路に出る。左へ下る山道は御室社をかすめて

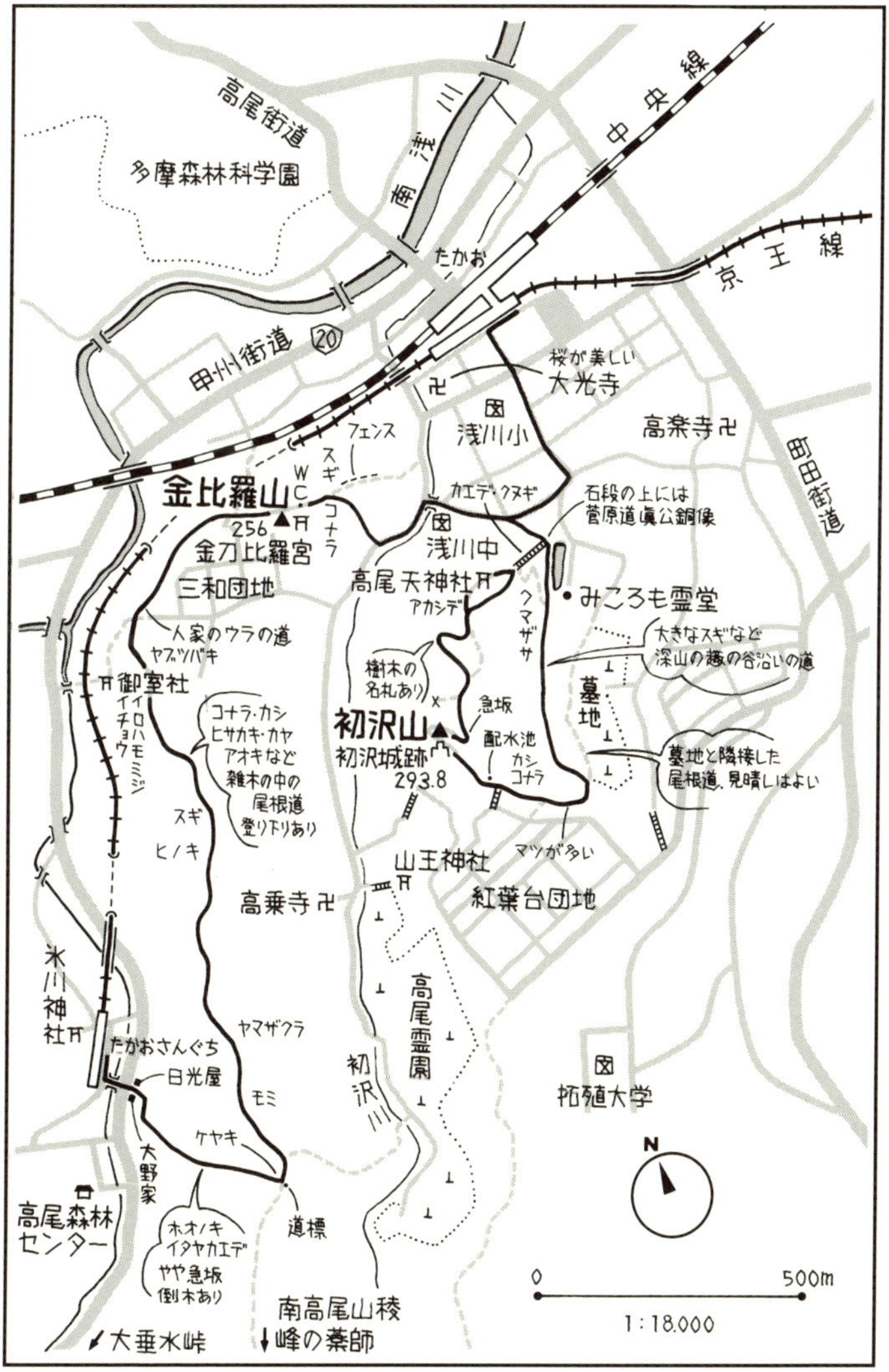
高尾街道
多摩森林科学園
南浅川
中央線
京王線
たかお
甲州街道
20
桜が美しい
大光寺
浅川小
高楽寺
町田街道
フェンス
スギ
WC
金比羅山
256
金刀比羅宮
コナラ
カエデ・クヌギ
石段の上には
菅原道眞公銅像
浅川中
三和団地
高尾天神社
アカシデ
みころも霊堂
クマザサ
人家のウラの道
ヤブツバキ
大きなスギなど
深山の趣の谷沿いの道
御室社
イロハモミジ
樹木の名札あり
急坂
墓地
初沢山
初沢城跡
293.8
配水池
カシ
コナラ
墓地と隣接した
尾根道、見晴しはよい
コナラ・カシ
ヒサカキ・カヤ
アオキなど
雑木の中の
尾根道
登り下りあり
スギ
ヒノキ
マツが多い
山王神社
高乗寺
紅葉台団地
高尾霊園
氷川神社
ヤマザクラ
初沢川
たかおさんぐち
日光屋
モミ
拓殖大学
ケヤキ
大野家
N
高尾森林センター
道標
ホオノキ
イタヤカエデ
やや急坂
倒木あり
0
500m
1:18.000
南高尾山稜
峰の薬師
大垂水峠

甲州街道へ続いているが、こちらは舗装道路横の小さな道標のある細い道に入る。人家の裏の、季節によってはコゴメウツギやクマザサなどがやや茂り気味の道だ。

そんな中、土を掘り返した跡が随所にあり、「イノシシだ〜」と思ったところに、タイミングよく（悪く）ガサッという音がしたのでドキッ！としたが、近所のおじさんが庭木の枝下しをしているだけであった（ホッ。しかし考えてみればこんな昼間にのこのこ出てくるイノシシも滅多にいないだろう）。

蝶の来る山頂

やがて金刀比羅神社の参道に下り出る。右から三和団地からの参道が、左からは昔使われていた参道（今は下の線路際が閉鎖されていて通れない）が上ってきている。この辺りには第二次世界大戦時に大規模な浅川地下壕が作られたという歴史がある。神社の階段下には戦争犠牲者を偲び、平和を祈念して建てられた平和観音像がある。

こじんまりした金比羅山山頂にはお社がどっしりと立ち、狛犬が迎えてくれる。

風の流れの影響なのか、アオスジアゲハ、モンキアゲハ、カラスアゲハ、ミヤマカラスアゲハなど蝶が多く見られる。ベンチもあり、のんびりしたいところだ。

　ひと休みしたらトイレの横からやや急な坂をロープにつかまりながら下りていく。正面に見える上りの道は旧道で、右へ下る道が新道「こんぴら小道」だ。後者の方が歩きやすい。カシ類やコナラの林の中の細道をゆるやかに下っていき、高尾駅へ向かう道路に降りる。

　道路を左に進んでいき、お地蔵様のところで右へ折れると右側に御衣公園の入口がある。入口から金色の産業殉職者霊堂に向かうと右手の階段上に菅原道真公の大きな

金比羅山は以前、学校建設によって崩されそうになりましたが、自然を愛する人々や山頂の金刀比羅神社の信者などが集まり、工事の中止を求めました。バブル崩壊のせいか皆の努力の故か、こんぴら様のおかげか、奇跡的に計画は変更され、山は残りました。

放火によって金刀比羅神社の社殿がほとんど焼け落ちるという逆境にもボランティアが毎週集まって重い資材を運び上げ、見事に再建されたのでした。

現在も月例祭の他に「こんぴらコミュニティ」という、飲んで食べ、語らい、時にはパフォーマンスありの楽しい集まりが催され、小さな山頂は賑っています。外国人も多く、英語や独語などもとびかっています。

← 緑のお札『祈願自然護持未来永劫』の文字が入っている

銅像が立っているが、こちらは帰りに通ることになる。

　霊堂横の大きなスギやクスノキ、チャンチンなどが生えた森の入口からまっすぐに沢に沿っていこう。急に深い森に入り込んだような感じだ。突き当たりでホオノキやイタヤカエデなどの生えた斜面から尾根に出る。右に行き、すぐ先で配水所を通り越す。その脇にも初沢山頂上へつながる細道があるが、ここではまっすぐ進む。たいした上りもなく初沢山山頂に着く。ベンチとテーブル、三等三角点があるだけの山頂だが、サクラが生え、金比羅山や遠くには丹沢も見える。

　来た方向へ戻るようして左の道へ入る。ヤマボウシ、アワブキ、アオハダ、イヌシデ、ヤブツバキ、ミヤマガマズミ、キブシなど樹木に名札が付けられている。坂を下ると分岐があるが、左の踏み跡は崩壊箇所があり、右の上りはこれから行く真ん中の道と先で合流する。再び分岐があり、左へ行くとまもなく高尾天神社の広場に出る。

　優しい印象の雑木林と木造の神社のたたずまいとがよく調和している。菅原道真公の銅像の向こうに先程の分岐からの道が下りてきて、さらに右へ下っている。階段がいやなら、クマザサの中、そちらの道から下りてもよい。小さな山だが新緑、紅葉の季節はもとより、四季折々、気軽に楽しめるところだ。

ごめんね、高尾山

——あとがきにかえて

高尾山に人間の言葉で伝えられるなら、謝ることがたくさんある。

過剰利用について（わたしも加害者の一人）。盗掘やゴミについて（注意しても止められなかった）などなど。

極めつけは一九八四年に発表された圏央道計画について。山にトンネルを穿《うが》ち、高速道路のジャンクション建設で大気汚染や大規模な自然破壊が懸念される。

八王子、東京と、周辺の環境にも見えない影響を及ぼしてきた山。学術的に見ても貴重な高尾山。長い年月を掛けて守られてきたからこその自然環境がある。

その後、周辺で工事が強行されているが、水が涸れる事態も起きている。

一方では近年ミシュラン三ツ星に評価され、世界からも注目を浴びている。国内でも文化的・自然的価値を併わせ持つ高尾山を世界遺産に登録を、という動きもある。せめて高尾山トンネル工事を中止して豊かな自然を未来へ手渡せるようにしたいものだ。

最後に、本書を書かせてくださったけやき出版の皆々様、地図を担当していただいた萩生田浩さんにお礼申し上げます。

高尾山に感謝を込めて本書を捧ぐ。

著者紹介

雪子 F（藤山）・グレイセング
東京に生まれる。
東京造形大学デザイン科卒業。
セツ・モードセミナー、野や山にて学ぶ。
デザイン会社勤務後、フリーとなり、イラストや写真、
デザインを手がける。1988年より夫と共に高尾に在住。
小さな小さな絵の集まりTiny Artistsと
英語の集まりEnglish Forest 主宰。
http://www.artfolio.org/fujiyama/
主な著書に、
1995年絵本『高尾山 たかおさん』（高尾山の自然をまもる市民の会）、
2003年画文集『山はおくりもの』、04年『高尾山 たかおさん』新版
（ともに、高尾山の自然をまもる市民の会発行、けやき出版発売）、
06年『落ち葉と紅葉』（いかだ社）、07年ツリーダム・カレンダーなど。

高尾山ゆっくり散歩

2000年 9 月19日　第 1 刷発行
2008年 8 月25日　第 3 刷発行

著　　者　雪子 F・グレイセング
発 行 者　清水　定
発 行 所　株式会社けやき出版
〒190-0023 東京都立川市柴崎町3-9-6
TEL 042-525-9909
D T P　有限会社桐原デザイン工房
印 刷 所　株式会社平河工業社

© YUKIKO・F・GRASING Printed in Japan 2000
ISBN 978-4-87751-115-9 C2026
落丁・乱丁本はお取り替えいたします。